Anturio yn Eryri

Dafydd Meirion

Argraffiad cyntaf: 2006

Rhif Llyfr Safonol Rhyngwladol: 1-84527-044-4

Cynllun clawr: Sian Parri

Argraffwyd a chyhoeddwyd gan Wasg Carreg Gwalch,
12 Iard yr Orsaf, Llanrwst, Dyffryn Conwy, LL26 0EH.
Ffôn: 01492 642031
Ffacs: 01492 641502
e-bost: llyfrau@carreg-gwalch.co.uk
lle ar y we: www.carreg-gwalch.co.uk

Cynnwys

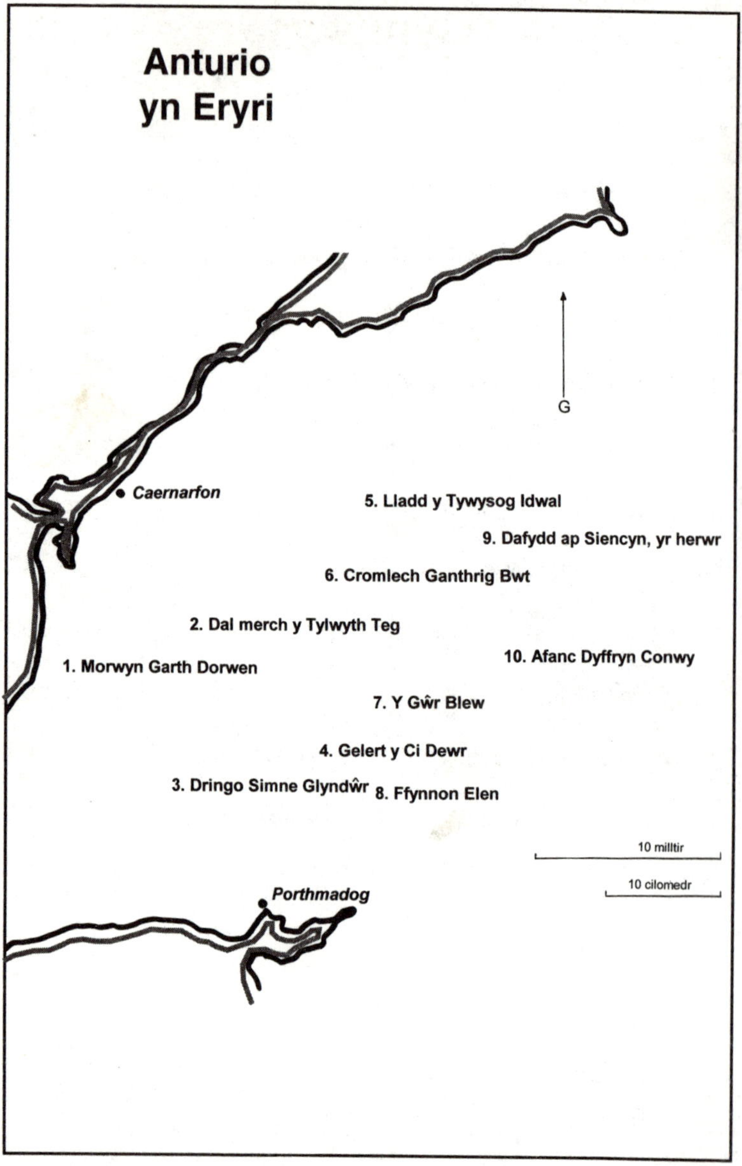
Anturio
yn Eryri
Caernarfon
5. Lladd y Tywysog Idwal
9. Dafydd ap Siencyn, yr herwr
6. Cromlech Ganthrig Bwt
2. Dal merch y Tylwyth Teg
10. Afanc Dyffryn Conwy
1. Morwyn Garth Dorwen
7. Y Gŵr Blew
4. Gelert y Ci Dewr
3. Dringo Simne Glyndŵr
8. Ffynnon Elen
G
10 milltir
10 cilomedr
Porthmadog

Anturio yn Eryri

Ardal fynyddig, garegog ydy Eryri, sydd wedi bod yn bwysig iawn yn hanes y Cymry erioed. I'r mynyddoedd hyn y bydden ni'n ffoi pan fyddai'r Saeson yn ymosod. Y mynydd uchaf yn yr ardal, ac yng Nghymru gyfan, ydy'r Wyddfa, sy'n 1085 metr (3560 troedfedd) o uchder. Mae yna lu o hanesion am dylwyth teg, gwrachod, tywysogion, arwyr ac anifeiliaid mileinig yn gysylltiedig â'r ardal.

Credir bod pobl wedi sefydlu yma am y tro cyntaf filoedd o flynyddoedd yn ôl. Helwyr oedden nhw, yn symud yn grwpiau bychain o ddyffryn i ddyffryn – a'r rheiny, ar y pryd, yn llawn coed ac anifeiliaid gwylltion. Yn ddiweddarach, dechreuodd pobl gloddio am fwynau fel copr a phlwm yn yr ardal. Dywedir bod y Rhufeiniaid wedi bod yn cloddio am gopr yn Nrws y Coed yn Nyffryn Nantlle.

Caernarfon oedd prif ganolfan y Rhufeiniaid yn yr ardal, ond mae eu holion i'w gweld yn Eryri hefyd, ym Mhenygwryd, Betws-y-coed a Llanberis. Wedi i'r Rhufeiniaid adael, cafodd y Cymry gyfle unwaith eto i reoli eu gwlad, ac roedd castell Dolbadarn yn Llanberis, a chastell Dolwyddelan rhwng Betws-y-coed a Blaenau Ffestiniog, ymysg cestyll y Tywysogion Cymreig.

Ar ôl i'r Cymry gael eu trechu gan y Saeson yn y 13eg ganrif, cafodd y cestyll hyn eu cipio, ac adeiladwyd cestyll mawr gan y Saeson yng Nghaernarfon, Biwmaris a Chonwy ar gyrion Eryri er mwyn cadw golwg ar y Cymry. Ond fe gododd Cymry'r ardal yn erbyn y Saeson yn ystod gwrthryfel Owain Glyndŵr a chipio rhai o'r cestyll hyn i'w dwylo eu hunain.

Ffermwyr defaid oedd y rhan fwyaf o drigolion yr ardal, gyda rhai hefyd yn gweithio yn y mwyngloddiau copr a phlwm. Ond o ddechrau'r 19eg ganrif ymlaen daeth chwareli llechi'n bwysig iawn yma, gyda'r prif chwareli ym Methesda, uwchben Llanberis, yn Nyffryn Nantlle ac ym Mlaenau Ffestiniog, er bod yna lawer o fân chwareli i'w cael ar hyd a lled Eryri.

Dros y canrifoedd bu yma gewri a thylwyth teg, tywysogion ac arwyr, a dynion a merched dewr. Rŵan dyma gyfle i chi gael blas ar hanesion Eryri – nid yn unig drwy ddarllen yr hanesion, ond hefyd drwy fynd am dro yn yr ardaloedd lle digwyddodd y straeon; wrth gerdded, fe gewch gyfle i gymryd rhan mewn helfa drysor drwy chwilio am bethau yn ystod y daith. Beth am i chi lunio rhestr o'r holl adar, anifeiliaid a phlanhigion welwch chi wrth fynd am dro? Os byddwch wedi dod o hyd i'r holl atebion ar ddiwedd pob pennod, cofiwch anfon copi o'r tudalennau hynny at Wasg Carreg Gwalch. Mae yna dystysgrif ar gael i bawb sy'n cael yr atebion yn gywir.

Hyn sydd i dystio bod

....

wedi bod yn

Anturio yn Eryri

Gwasg Carreg Gwalch

Nodyn i oedolion

Mae pob un o'r rhain yn deithiau cylch (ar wahân i daith Moel Hebog, ond mae rhan o honno hefyd yn daith gylch), sy'n cychwyn ac yn gorffen yn yr un lle. Maen nhw'n para rhwng dwy a thair awr, er bod un Moel Hebog yn gallu cymryd rhyw 4½ awr. Cewch le addas i barcio car, neu bydd arhosfan bws gerllaw gyda phob un taith heblaw am daith Ffynnon Elen, lle nad oes gwasanaeth bws. Mae'r teithiau'n dilyn llwybrau cyhoeddus; mewn ambell fan mae angen cerdded ar hyd ffordd â phalmant, ond ambell dro bydd yn rhaid cerdded ar hyd ffordd wledig heb balmant. Yn y mannau hynny, cynghorir chi i gerdded yn un rhes yn wynebu'r drafnidiaeth.

Gyda rhai o'r llwybrau hyn mae angen dringo rhyw ychydig, felly byddwch yn ofalus. Dylech gadw golwg fanwl ar y plant gan sicrhau nad ydynt yn crwydro oddi ar y llwybrau. Nid yw rhai llwybrau'n addas i blant bach, a nodir hynny yn y mannau priodol.

Cynghorir pawb i wisgo esgidiau addas; hefyd dillad cynnes, yn arbennig yn y gaeaf, ynghyd â chario dillad glaw (hyd yn oed yn yr haf!). Byddai'n syniad cael golwg ar ragolygon y tywydd cyn cychwyn. A chofiwch, efallai ei bod yn braf i lawr yn y dyffrynnoedd, ond gall fod yna niwl neu law mân yn y mynyddoedd ac mae'n debygol o fod yn oerach.

Nodir lle ceir siop neu gaffi ar y teithiau, ond byddai'n syniad da i gario peth bwyd a diod efo chi.

Os byddwch yn mynd â'r ci ar y daith, cadwch o ar dennyn – a chofiwch lanhau ar ei ôl. Dylai pawb gadw at y llwybrau bob amser a pheidio â chrwydro i dir amaethyddol.

Ar ddechrau pob taith, rhoddir hyd ac amser. Amser cerdded yn unig ydy hwn; mae'n siŵr y byddwch eisiau aros am seibiant bob hyn a hyn i gael golwg ar y golygfeydd gwych neu i gael picnic, a threulio amser yn archwilio rhai o ryfeddodau Eryri. Dylech, felly, ganiatáu digonedd o amser ar gyfer pob taith.

Mapiau: Dim ond braslun o'r daith a gewch o'r mapiau sydd yn y gyfrol hon, er y dylai'r cyfarwyddiadau fod yn ddigon manwl i chi allu eu dilyn. Er mwyn gwneud y gorau o'ch ymweliad, dylech brynu map *Explorer OL17*, sy'n addas ar gyfer y rhan fwyaf o'r teithiau. Mae rhan o daith Ffynnon Elen ar fap *OL18* a rhan fechan o daith Garth Dorwen ar fap *254*.

Mae'r teithiau hyn ychydig yn anoddach na'r rhai yn llyfrau blaenorol y gyfres sef, *Anturio ym Môn, Anturio yn Llŷn* ac *Anturio yn y Cymoedd,* ac felly'n fwy addas ar gyfer plant hŷn.

Pob hwyl ar y cerdded a'r chwilio!

Morwyn Garth Dorwen

Y STORI

Roedd gŵr a gwraig fferm Garth Dorwen, Penygroes, yn hen iawn ac yn methu gwneud llawer o waith. Felly dyma nhw'n penderfynu mynd i ffair Caernarfon i chwilio am forwyn i'w helpu. Yr adeg honno, byddai bechgyn a merched yr ardal yn mynd i'r ffair i chwilio am rywun i'w cyflogi a bydden nhw'n casglu at ei gilydd ar fryncyn oedd ar ganol y Maes. Fe welodd gŵr a gwraig Garth Dorwen ferch ifanc, dlos yng nghanol y merched a gofyn iddi a hoffai ddod i weithio fel morwyn iddyn nhw. "Hoffwn," atebodd y ferch a dywedodd mai Eilian oedd ei henw.

Bob nos, ar ôl gorffen ei gwaith, byddai Eilian yn mynd allan i'r caeau i nyddu a deuai'r tylwyth teg ati i brynu'r edafedd. Ymhen amser, dyma'r tylwyth teg yn ei pherswadio i fynd i fyw atynt. Roedd tristwch mawr yn Garth Dorwen ar ôl diflaniad sydyn morwyn mor dda ac annwyl.

Un noson, clywodd yr hen wraig rhywun yn curo ar y drws. Agorodd y drws i weld dyn dieithr yn sefyll o'i blaen. Gwyddai'r dyn fod y wraig yn fydwraig a gofynnodd iddi ddod i helpu ei wraig i roi genedigaeth i'w babi. Dyna oedd y drefn erstalwm yn y dyddiau cyn bod ysbytai ar gael.

Dilynodd yr hen wraig y dyn dieithr nes dod at foncen heb fod ymhell o'r tŷ. Aeth i mewn drwy dwll yn y boncen ac yno gwelodd yr hen wraig y stafell harddaf a welodd hi erioed.

Rhoddodd yr hen wraig help i'r fam a chafodd y babi ei eni'n ddiogel. Yna estynnodd y dyn botel o eli i'r hen wraig. Gofynnodd iddi roi peth ohono ar lygaid y babi, ond iddi beidio â rhoi'r eli yn ei llygaid ei hun. Ond dechreuodd un o'i llygaid gosi, a heb feddwl fe'i rwbiodd â'r bys ag eli arno.

Yn sydyn, wrth edrych drwy'r lygad honno, newidiodd y stafell. Gwelodd ei bod mewn hen ogof laith ac roedd Eilian ei chyn-forwyn yn gorwedd ar redyn, newydd roi genedigaeth i blentyn. Roedd yr hen wraig yn gwybod mai un o'r tylwyth teg oedd gŵr Eilian ac fe ruthrodd yn ôl adref.

Rai misoedd yn ddiweddarach, aeth yr hen wraig i Gaernarfon a synnodd wrth weld y dyn dieithr yno. Gofynnodd iddo sut oedd Eilian. Atebodd ei bod yn eithaf da a gofyn iddi â pha lygad yr oedd hi wedi gweld Eilian. Y chwith, meddai. Cymerodd y dyn frwynen a thynnu'r lygad honno allan fel na fyddai byth eto'n gallu gweld Eilian na'r tylwyth teg chwaith!

Ar fferm Garth Dorwen mae caeau sy'n dal â chysylltiad ag Eilian. Mae yno Gae Eilian, Weirglodd y Forwyn a Chors y Forwyn.

Y DAITH

O Benygroes, i gyrion y Groeslon, ac yn ôl ar hyd Lôn Eifion gan fynd heibio caeau Garth Dorwen.
3½ milltir – 2 awr 15 munud

Parciwch yn y maes parcio gyferbyn â Garej Povey, neu dewch oddi ar y bws yn yr arhosfan. Ewch allan o'r maes parcio ac i bentref Penygroes gan gerdded i fyny'r allt nes dod at Gwynfa ar y dde – y tŷ olaf ym Mhenygroes.

Mae'r palmant yn gorffen yma, felly byddwch yn ofalus wrth gerdded y deg llath at yr arwydd llwybr cyhoeddus ar y dde. Yna dilynwch y lôn drol. Pe baech wedi mynd yn syth ymlaen ar hyd y ffordd fawr, mi fyddech wedi cyrraedd mynedfa Garth Dorwen ond mae'r ffordd braidd yn beryglus yno.

Felly, i fyny'r lôn drol â chi (gan anwybyddu'r llwybr yn arwain i'r dde a'r ffordd sy'n troi i'r dde at fferm) ac ewch yn syth ymlaen trwy giât wen ac at Dyddyn Bach. I'r chwith iddo mae bwlch; ewch drwyddo ac fe welwch giât fochyn o'ch blaen. Ewch drwyddi gan droi i'r chwith a dilyn y llwybr rhwng dwy wal at giât fechan.

Ewch drwyddi ac yna cerdded i'r dde a dilyn ochr y wal i fyny'r cae. Yna trowch i'r chwith ar ôl cyrraedd y gornel. Ymlaen â chi at fwlch yn y wal, ewch drwyddo a dilyn y wal a'r coed nes dod at gamfa. Dringwch drosti a dilyn ochr y ffens trwy'r coed. Ewch dros bompren fechan a thros nant (gall fod yn wlyb iawn yma wedi glaw), a dilyn y llwybr efo coed bob ochr iddo nes dod at hen giât. Wnaiff hon ddim agor, felly bydd yn rhaid dringo drosti ac yna fe ddewch at lôn sy'n arwain i Uwchlaw'r Rhos ar y dde. Ond peidiwch â mynd yno; trowch i'r chwith, drwy'r giât ac i lawr y lôn at giât arall. Ewch drwyddi ac yna i fyny'r lôn drol ar y dde.

Yna fe ddewch at giât; ewch drwyddi ac ewch heibio Garth Uchaf, trwy giât arall ac i lawr y lôn drol. Cerddwch drwy ddwy giât, heibio tŷ o'r enw Court ac at giât fechan.

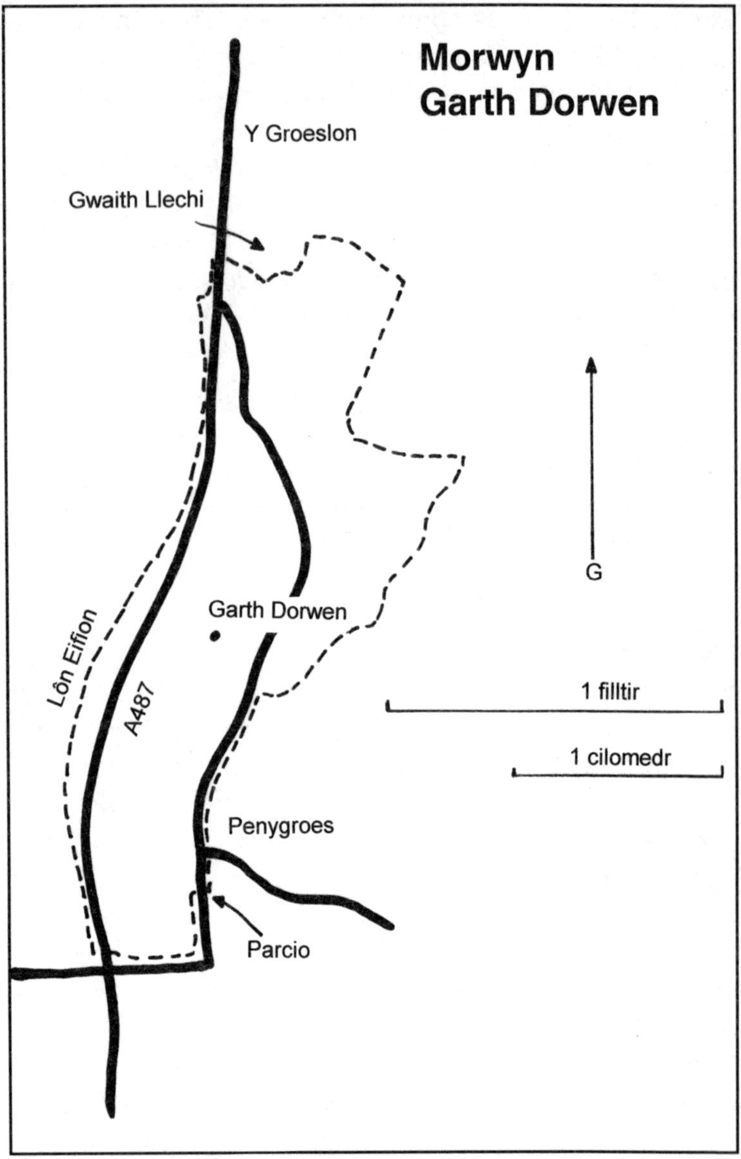
Morwyn
Garth Dorwen
Y Groeslon
Gwaith Llechi
G
Garth Dorwen
Lôn Eifion
A487
1 filltir
1 cilomedr
Penygroes
Parcio

Ewch drwyddi a throi i'r chwith a dilyn y ffens i lawr y cae. Croeswch gamfa gerrig fechan ac ymlaen â chi i lawr y cae at res o dai. Mae giât fochyn ar ochr chwith y tŷ pen.

Ewch drwyddi a cherdded heibio talcen y tŷ ac fe welwch arwydd llwybr cyhoeddus a phompren ar y chwith. Ewch drosti a thros camfa arall a dilyn y llwybr drwy'r coed at gamfa arall. Ewch dros y gamfa hon hefyd a dilyn y llwybr ar hyd ochr wal, yna trwy giât fechan ac ar hyd ochr nant. Croeswch y bont lechen fechan ac at giât a chamfa fechan ger ffermdy'r Grafog.

Ewch dros y gamfa, ac i lawr y lôn â chi at y ffordd fawr. Croeswch yn ofalus yma, ac wedi cyrraedd y pafin cerrig, trowch i'r chwith a cherdded at gylchdro. I'r dde, mae Gwaith Llechi Inigo Jones a'i gaffi. Beth am alw i weld yr arddangosfa a chael paned o de?

Chwiliwch am arwydd Lôn Eifion a'i ddilyn. Pan gyrhaeddwch Lôn Eifion, trowch i'r chwith a cherdded yn ôl i gyfeiriad Penygroes. Pan fyddwch bron â dod allan o'r coed, edrychwch i'r chwith drwy'r coed ac fe welwch fferm Garth Dorwen a'r caeau lle'r oedd y tylwyth teg yn byw.

Ymlaen â chi at bont yn croesi Lôn Eifion. Rŵan bydd yn rhaid i chi ddilyn y llwybr i fyny i'r dde. Peidiwch â mynd i'r chwith dros y bont, ond ewch yn syth yn eich blaen ar hyd Lôn Eifion nes dod at gylchdro. Trowch i'r chwith yma a chroesi'r ffordd fawr yn ofalus. O'ch blaen mae grisiau. Ewch i fyny'r rhain, troi i'r dde a dilyn y llwybr uwchben y ffordd nes dod at gylchdro arall. Trowch i'r chwith yma a cherdded ar hyd y pafin yn ôl at y maes parcio neu'r arhosfan bws.

WELSOCH CHI'R RHAIN?

1. Yn ôl yr hysbysfwrdd yn y maes parcio, beth sydd ar y rhif 2 pinc?

   ....

2. Beth ydy enw'r dafarn ar y groesffordd ym Mhenygroes?

   ....

3. Sawl corn simne sydd ar do Uwchlaw'r Rhos?

   ....

4. Sawl ffenest sydd ar du blaen Garth Uchaf?

   ....

5. Lluniau o ba ddau beth sydd ar arwydd Lôn Eifion?

   ....

Dal merch y tylwyth teg

Y STORI

Yn ôl y sôn, roedd llawer o dylwyth teg yn byw yn ardal Rhyd-ddu uwchben Dyffryn Nantlle. Bydden nhw'n canu ac yn dawnsio yn y caeau. Arferai ffermwr Drws y Coed Uchaf fynd am dro i lan Llyn y Dywarchen i weld y tylwyth teg yn chwarae a chael hwyl. Un noson braf, roedd o ar lan y llyn pan welodd y ferch dlysaf a welodd erioed. Penderfynodd fynd â hi adref efo fo. Rhuthrodd i ganol y tylwyth teg, cipio'r ferch brydferth a rhedeg â hi'n ôl i'w gartref – â'r tylwyth teg yn dynn wrth ei sodlau. Ond fe gaeodd y ffermwr ddrws y tŷ â bar haearn, a chan fod ar y tylwyth teg ofn haearn, aethon nhw ddim pellach.

Cadwodd y ferch yn garcharor a buan y syrthiodd mewn cariad efo hi a gofyn iddi ei briodi. Gwrthododd hi ond cytunodd i fod yn forwyn iddo, ar yr amod ei fod yn darganfod beth oedd ei henw hi. Rhestrodd y ffermwr pob enw merch y gallai feddwl amdano, ond chafodd o mo'i henw'n gywir. Yna cafodd syniad. Aeth yn ôl i lan y llyn unwaith eto i weld y tylwyth teg yn dawnsio. Cuddiodd yn ddistaw yn y coed ac aros iddynt ddechrau siarad.

Dywedodd un: "Penelope druan. Biti na fuasai hi'n gallu bod efo ni, ond all hi ddim – mae hi'n cael ei chadw'n garcharor." Rŵan roedd yn gwybod enw'r ferch brydferth a brysiodd yn ôl i'r tŷ.

"Penelope, wnei di fy mhriodi i?" gofynnodd iddi. Gwrthod wnaeth hi unwaith eto ond cytunodd i fod yn forwyn iddo fel yr oedd wedi addo.

O hynny ymlaen, fe wellodd pethau ar y fferm. Roedd yr anifeiliaid yn edrych yn iach ac yn gwerthu am bris da yn y farchnad, ac roedd y caeau'n llawn cnydau. Roedd y ffermwr yn gallu godro'i wartheg dair gwaith y dydd, yn hytrach na dwywaith fel pawb arall.

Ond doedd y ffermwr ddim yn hapus; roedd o eisiau priodi merch y tylwyth teg, ond dal i wrthod wnâi hi. Wedi iddo geisio'i pherswadio am amser hir, un noson cytunodd – ar yr amod na fyddai byth yn ei tharo â haearn. "Os wnei di hynny, mi fydd rhaid i mi dy adael a dychwelyd at fy mhobl," meddai. Chwarddodd y ffermwr, oherwydd fyddai o byth yn taro'r ferch yr oedd o'n ei charu mor angerddol. Felly, priododd y ddau a byw'n hapus am flynyddoedd; cawsant ddau o blant, bachgen a merch.

Un diwrnod, roedd y ffermwr a'i wraig hardd yn paratoi i fynd i ffair Caernarfon, ac aeth y ddau i'r cae i nôl y ferlen. Roedd y ferlen yn un wyllt, a doedd hi ddim am i'r ffermwr roi ffrwyn arni. Yn y diwedd, gwylltiodd y ffermwr a thaflu'r ffrwyn at y ferlen. Ond methodd daro'r ferlen, a tharo Penelope. Cyn gynted ag y teimlodd honno haearn oer y ffrwyn ar ei boch, dyma hi'n diflannu. Clywodd y ffermwr ei llais yn mynd yn wannach ac yn wannach wrth iddi ofyn iddo edrych ar ôl y plant. Gwyddai ef ei bod hi wedi mynd yn ôl i Lyn y Dywarchen.

Welodd y ffermwr mo Penelope byth eto. Tyfodd y plant a chael plant eu hunain. Mae rhai pobl yn dweud bod eu teuluoedd hwy'n dal i fyw yn yr ardal, a'u bod yn hawdd eu

Dal merch y Tylwyth Teg

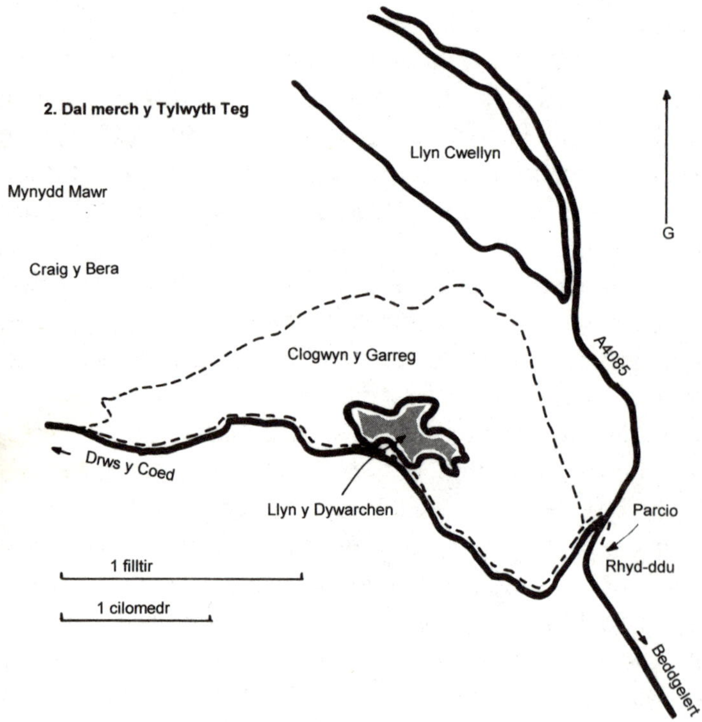

hadnabod gan fod eu gwalltiau'n oleuach na gwalltiau pobl eraill. Mae nifer o bobl â'r cyfenw Pelling yn byw yn yr ardal, a'r sôn ydy mai o'r gair Penelope y daw'r enw.

Y DAITH

O Ryd-ddu, heibio Clogwyn y Garreg, i Ddrws y Coed, ac yn ôl heibio Llyn y Dywarchen
4½ milltir – 2 awr 30 munud

Parciwch y car neu dewch oddi ar y bws gyferbyn â thafarn Cwellyn yn Rhyd-ddu. Yna dilynwch y ffordd am Nantlle a Phenygroes. Ewch heibio tai Cefn Cwellyn ar y dde i chi nes dod at fynedfa coedwig. Ewch i fyny'r lôn drol drwy'r goedwig.

Pan gyrhaeddwch giât, ewch i'r dde iddi a cherdded ar hyd y lôn drol. Ymhen peth amser, fe welwch lôn drol yn dod o'r dde. Anwybyddwch hon ac ewch yn syth ymlaen nes dod i ddiwedd y coed ar y chwith. Yma, fe welwch saeth felen fechan a grisiau'n mynd i fyny i'r chwith. Dilynwch nhw a dilyn y llwybr at gamfa.

Ewch dros y gamfa. O'ch blaen mae Clogwyn y Garreg, i'r chwith mae Llyn y Dywarchen ac i'r dde mae Mynydd Mawr a Chraig y Bera. Os oes gennych chi ddigon o amser, mae llwybr yn mynd i lawr i'r chwith at y llyn. Does dim modd cerdded o gwmpas y llyn, felly bydd yn rhaid i chi ddilyn y llwybr yn ôl at y gamfa hon. O'r gamfa, cerddwch yn syth yn eich blaen a mynd i lawr y llethr gan ddilyn llwybr gwael iawn nes dod at gamfa ger giât-dros-wal.

Ewch dros y gamfa a mynd i'r chwith, gan gerdded rhyw ddeg metr oddi wrth y wal a'r ffens. Yna, fe ddewch at wal fawr lydan a godwyd mewn cyfnod pan oedd yna lawer o gloddio am gopr yn yr ardal hon. Yn syth ymlaen â chi, i'r dde o'r wal yma, ac yna cerddwch i lawr gan gadw i ochr dde'r hafn. Does dim llwybr yma, felly bydd yn rhaid i chi gerdded drwy'r rhedyn. Fe welwch Lyn Nantlle o'ch blaen erbyn hyn.

Cerddwch i lawr drwy'r brwyn nes dod at lôn drol. Dilynwch hi i'r chwith at giât a chamfa ar y chwith iddi. Ewch dros y gamfa a pharhau ar hyd y lôn drol at giât a chamfa arall. Dringwch dros y gamfa a cherdded i'r chwith nes dod at giât a chamfa arall. Ewch dros y gamfa a cherdded i lawr at y fferm. Ewch dros y gamfa, drwy'r buarth, drwy giât ac ar hyd y lôn at grid gwartheg.

Erbyn hyn byddwch wedi cyrraedd y ffordd. Trowch i'r chwith ac i fyny'r allt. Wedi cyrraedd pen yr allt a throi'r gornel, fe welwch Lyn y Dywarchen ar y chwith unwaith eto. Mae carreg filltir ar y dde yn y fan hon. Trowch i'r chwith a cherdded at lan y llyn. Yna yn ôl i'r ffordd. Cerddwch ar ei hyd, heibio Drws y Coed Uchaf ar y dde, ac i lawr yr allt yn ôl i Ryd-ddu.

WELSOCH CHI'R RHAIN?

1. Llun o beth sydd ar arwydd tafarn y Cwellyn?

   ....

2. Sawl milltir sydd o Ryd-ddu i Nantlle?

....

3. Beth ydy enw'r fferm yr ydych yn cerdded trwyddi cyn troi'n ôl am Ryd-ddu?

....

4. Yn ôl y garreg filltir ger Llyn y Dywarchen, pa mor bell ydy Penygroes?

....

5. Pa fath o bysgota sy'n cael ei ganiatáu yn Llyn y Dywarchen?

....

Dringo Simnai Glyndŵr

Y STORI

Er iddo ennill sawl brwydr yn erbyn y Saeson, doedd pethau ddim yn mynd yn rhy dda i Owain Glyndŵr a'i ddynion erbyn diwedd y gwrthryfel. Oherwydd bod gan y Saeson lawer mwy o filwyr na'r Cymry, roedd hi'n anodd iawn i ni eu trechu. Ar ôl colli nifer o frwydrau, chwalodd byddin Glyndŵr ac aeth Owain i Eryri â milwyr Harri IV yn dynn wrth ei sodlau.

Brysiodd i gartref hen gyfaill iddo, Rhys Goch, oedd yn byw yn Hafod Garegog yn Nant Colwyn, uwchben Beddgelert. Mae Hafod Garegog mewn cwm unig yn wynebu Moel Hebog, ond er mor anghysbell oedd y lle, fe glywodd Brenin Lloegr bod gŵr bonheddig yn cael lloches yno.

Un diwrnod, rhedodd gwas Rhys Goch i Hafod Garegog gan ddweud bod mintai o filwyr Seisnig ar eu ffordd i'r tŷ. Gwisgodd Owain a Rhys yn nillad y gweision a rhedeg i gyfeiriad y mynyddoedd. Aeth Rhys Goch tuag at Nantmor ac aeth Owain Glyndŵr i gyfeiriad Aberglaslyn a'r môr.

Ond daeth Owain ar draws criw o filwyr Lloegr oedd yn gwylio'r llwybrau. Sylweddolodd un ohonyn nhw pwy oedd Owain, ac fe redodd hwnnw ar ei ôl. Gan nad oedd gobaith gan Owain i gyrraedd y môr, penderfynodd ffoi i'r mynyddoedd uchel.

Rhedodd nerth ei draed i fyny'r llethrau uwchben Aberglaslyn. O'i flaen roedd Moel Hebog, ac aeth Owain i'r chwith lle'r oedd bwlch y gallai fynd drosto. Ond cyn iddo'i gyrraedd, gwelodd bod haid o Saeson yno yn disgwyl amdano. Doedd ganddo ddim dewis ond mynd yn syth yn ei flaen at glogwyn serth.

Yn y graig roedd hollt neu simne dri chan troedfedd o uchder yn arwain i fyny'r graig. Wrth i'r milwyr agosáu, penderfynodd Owain ddringo i fyny'r graig. Roedd y simnai mor anodd i'w ddringo fel na fentrodd yr un Sais ei ddilyn – dim ond gweiddi arno o'r gwaelod wnaethon nhw. Yna, fe redon nhw i ochr arall y mynydd a dringo i fyny'r llethr i geisio'i ddal ar y copa. Ond roedd Owain wedi cyrraedd copa Moel Hebog ymhell o'u blaenau ac erbyn i'r milwyr gyrraedd y copa, doedd dim golwg ohono. Roedd y Saeson yn sicr ei fod wedi dianc i Gwm Pennant, ac fe aethon nhw yno i chwilio amdano. Ond i'r cyfeiriad arall roedd Owain Glyndŵr wedi mynd – tuag at y Diffwys. Dringodd i lawr y mynydd nes dod at ogof, ac yna y bu am amser hir nes i filwyr Harri IV adael yr ardal.

Ailymunodd Owain Glyndŵr â'i fyddin ac fe fuon nhw'n ymosod ar y Saeson am rai blynyddoedd wedyn. Mae'r hollt a ddringwyd gan Owain yn dal i gael ei galw'n Simnai Glyndŵr, ac Ogof Glyndŵr yw enw'r ogof oedd yn lloches iddo.

Y DAITH

O Feddgelert, i Gwm Cloch at y Diffwys a chopa Moel Hebog ac yn ôl i Feddgelert.
6 milltir – 4 awr 30 munud.

Mae hon yn hirach na gweddill y teithiau, ond does dim rhaid mynd yr holl ffordd i ben Moel Hebog; fe allech ddewis mynd at Gwm Cloch Isaf ac yn ôl i Feddgelert yn unig – taith o lai nag awr. Os dewiswch fynd tuag at Foel Hebog, gallwch droi'n ôl pryd bynnag y dymunwch, gan mai dilyn yr un llwybr fyddwch chi i fyny ac i lawr y mynydd.

Parciwch y car neu ddod oddi ar y bws ym Meddgelert. Chwiliwch am westy'r Royal Goat. I'r dde o'r gwesty mae lôn fechan yn mynd heibio tai. Cerddwch i fyny'r lôn hon. Yna ewch i'r dde ac at arwydd llwybr cyhoeddus. Dilynwch y llwybr rhwng y tai tuag at garej ddwbwl ac yna cerddwch ar hyd y llwybr concrid a thros bont sy'n croesi Rheilffordd Eryri.

Ewch ymlaen drwy'r giât fochyn a cherdded yn syth yn eich blaen gan ddilyn y llwybr ar hyd y cae tuag at goed a wal. Yna cadwch i'r chwith gan ddilyn yr arwyddion tuag at giât a chamfa. Dringwch dros y gamfa ac i goed Parc Cae Morys. Ymlaen â chi at fwlch yn y wal ac arwydd llwybr. Ewch i fyny'r cae at giât a thrwyddi i lôn drol.

Yna cerddwch i'r dde ar hyd y lôn drol, i gyfeiriad Cwm Cloch, heibio'r hen adfeilion ac ymlaen at fferm Cwm Cloch Uchaf. Cerddwch heibio'r fferm a chwilio am gamfa ar y chwith. Os nad ydych am fynd i ben Moel Hebog, ewch yn syth ymlaen ar hyd y lôn a dilyn y cyfarwyddiadau a roddir yn nes ymlaen (gweler *isod).

Os am fynd i ben Moel Hebog, ewch dros y gamfa a dilyn y llwybr at bompren a chamfa. Ewch dros y ddwy a dilyn yr arwyddion sydd ar byst, at giât a chamfa. Ewch dros y gamfa ac i fyny'r llethr. Fe ddewch wedyn at ran serth. Os nad ydych wedi arfer cerdded mynyddoedd,

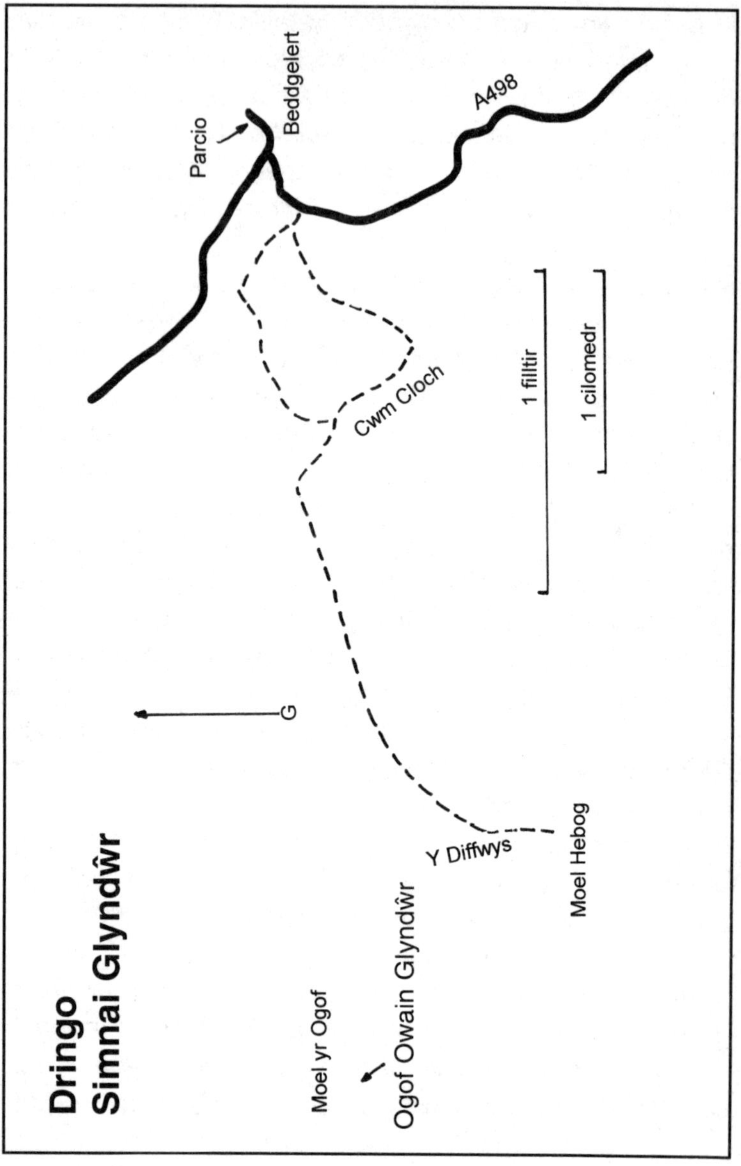

Dringo
Simnai Glyndŵr
Parcio
Beddgelert
A498
Cwm Cloch
1 filltir
1 cilomedr
G
Y Diffwys
Moel Hebog
Moel yr Ogof
Ogof Owain Glyndŵr

byddai'n well i chi droi'n ôl yn y fan hon.

I barhau â'r daith ymlaen, chwiliwch am lwybr i'r dde ger pentwr o gerrig – mae'n anodd ei weld. Ond peidiwch â phoeni os na ddewch o hyd i'r pentwr cerrig – mae yna lwybr arall (o fath) yn syth o'ch blaen. Dydy hwn ddim cystal llwybr ond mae pentyrrau o gerrig yma ac acw i ddangos eich bod yn mynd y ffordd gywir. Byddwch yn ofalus iawn ar y rhan yma o'r daith.

Mae tipyn o waith dringo i'w wneud, ond o'r diwedd fe ddewch i'r Diffwys, sef crib. Trowch i'r chwith ac anelu am y copa lle mae yna golofn gerrig a waliau. Yn syth o'ch blaen, fe welwch y môr, ac i'r dde mae Moel yr Ogof – lleoliad Ogof Owain Glyndŵr. Does dim llwybr at yr ogof ac mae'n anodd cael hyd iddi – fel wnaeth y Saeson ddarganfod!

Ar ôl cael seibiant, ewch yn ôl y ffordd y daethoch chi. Os wnaethoch chi ddilyn y llwybr anodd byddai'n well i chi ddilyn y llwybr haws yn ôl. Mae hwn yn rhedeg ar hyd y grib tuag at ddau bentwr o gerrig. Dilynwch o a dewch i lawr y llethr yn ofalus, ac yn ôl i'r gamfa ger Cae Cloch Uchaf.

*Trowch i'r chwith a dilyn y lôn drwy'r coed pin a heibio Cae Cloch Isaf. Yna, chwiliwch am gamfa ar y dde yng nghanol coed. Ewch drosti a dilyn y llwybr drwy'r coed ac ar hyd ochr wal, ac yna rhwng dwy wal sy'n cydredeg â gwely Rheilffordd Eryri. Gyda hyn fe ddewch at y giât fochyn a'r bont dros y lein yr aethoch chi drostyn nhw ar y ffordd i fyny. Yna ewch rhwng yr tai a byddwch yn ôl ym Meddgelert.

WELSOCH CHI'R RHAIN?

1. Sawl bwa carreg sydd ar flaen gwesty'r Royal Goat?

   ....

2. Beth ydy enw'r tŷ olaf ar y dde cyn croesi'r bont dros Reilffordd Eryri?

   ....

3. Wrth fynd heibio'r adfeilion yng Nghwm Cloch, sawl adeilad sinc sydd yna?

   ....

4. Sawl ffenest sydd yn nhu blaen tŷ fferm Cwm Cloch Uchaf?

   ....

5. Mae rhybudd ger y gamfa ger Cwm Cloch Uchaf. Beth ydy'r rhybudd?

   ....

Gelert, y ci dewr

Y STORI

Roedd y Tywysog Llywelyn I (Llywelyn Fawr) yn hoffi hela, ac yn yr haf byddai'n teithio efo'i deulu i lethrau'r Wyddfa gan aros mewn tŷ lle mae pentref Beddgelert heddiw. Roedd ganddo nifer o gŵn a byddai'n hela moch gwyllt, ceirw a bleiddiaid yn y mynyddoedd. Ei hoff gi oedd Gelert. Roedd Gelert yn gallu ymladd efo'r anifeiliaid gwylltion, ond roedd hefyd yn garedig wrth blant.

Un diwrnod, roedd Llywelyn a'i wraig a'i ddilynwyr wedi mynd i hela gan adael eu plentyn yng ngofal morwyn. Ond doedd yna fawr o drefn ar y forwyn, ac unwaith y clywodd sŵn y corn hela yn y mynyddoedd aeth allan am dro, gan adael y babi yn ei grud ar ei ben ei hun.

Roedd Llywelyn a'i griw yn carlamu ar y llethrau ar ôl carw pan sylweddolodd nad oedd Gelert efo nhw. Roedd Llywelyn yn sicr fod rhywbeth wedi digwydd iddo. Penderfynodd roi'r gorau i hela a dychwelyd adref, a charlamodd pawb yn ôl am y tŷ.

Wrth iddyn nhw nesáu at yr adeilad, daeth Gelert allan yn ysgwyd ei gynffon. Ond roedd gwaed ar ei wyneb. Brysiodd Llywelyn i'r tŷ a darganfod bod y crud wedi ei droi drosodd a'r blancedi ar y llawr. Doedd dim golwg o'i blentyn. Roedd Llywelyn yn sicr fod Gelert wedi ei ladd. Tynnodd ei gleddyf a'i wthio i ochr Gelert gan ei ladd yn y

fan a'r lle.

Camodd Llywelyn yn ôl. Yna clywodd grio distaw babi bach. Cododd un o ddynion Llywelyn y crud, yna'r blancedi oedd ar y llawr. O dan y cyfan, gorweddai'r babi – yn fyw ac yn iach. Yng nghornel bellaf y stafell, fe welson nhw gorff blaidd anferth.

Sylweddolodd Llywelyn yn syth beth oedd wedi digwydd. Roedd Gelert wedi lladd y blaidd ac wedi achub bywyd ei blentyn. Gwaed y blaidd oedd ar wyneb Gelert. Disgynnodd Llywelyn i'r llawr, ei galon ar dorri. Roedd o wedi lladd ei gi gorau, a hwnnw wedi achub ei fab rhag y blaidd. Cariodd Llywelyn gorff Gelert i gae cyfagos a'i gladdu yno gan roi pentwr o gerrig i nodi ei fedd.

Dros y blynyddoedd tyfodd pentref ger y man lle'r arferai tŷ haf Llywelyn fod, a rhoddwyd Beddgelert yn enw iddo. Daw miloedd o bobl bob blwyddyn i weld bedd y ci dewr.

Y DAITH

O Feddgelert, i ben Mynydd Sygun, i lawr i Waith Copr Sygun, ac yn ôl i Feddgelert ***(mae yna ddarn go serth ar ddechrau'r daith yma sy'n anaddas i blant bach)****. Os byddwch yn gwneud y daith hon ym Mai/Mehefin neu Fedi byddwch yn cerdded drwy lwyni rhododendron yn llawn blodau, ac ym mis Awst mae'r grug yn llawn o flodau porffor.*

6 milltir – 3 awr

Parciwch y car neu ddod oddi ar y bws yng nghanol Beddgelert a chwiliwch am yr arwydd i Fedd Gelert. Ewch heibio Bwthyn Llywelyn, ar hyd ochr yr afon, a heibio'r toiledau nes dod at giât fechan ar y dde ger pont. Ewch

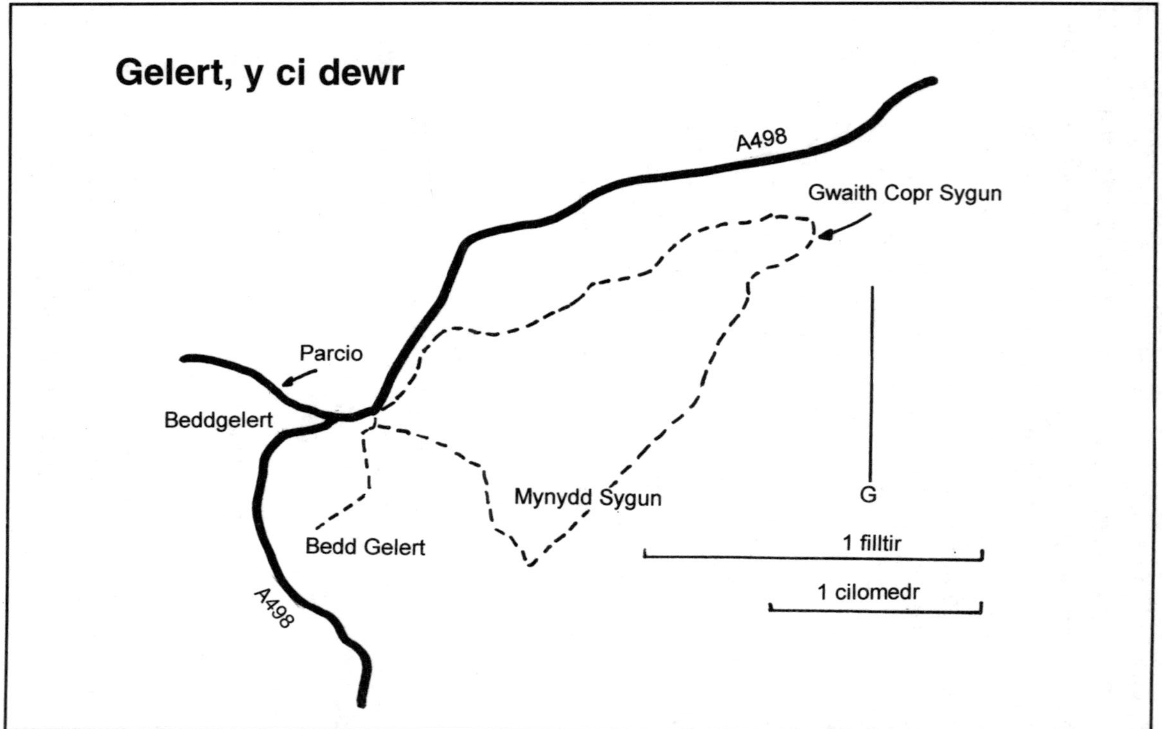
Gelert, y ci dewr
A498
Gwaith Copr Sygun
Parcio
Beddgelert
Mynydd Sygun
G
Bedd Gelert
1 filltir
1 cilomedr
A498

drwyddi a dilyn y lôn goncrid ar hyd ochr yr afon nes cyrraedd wal. Cerddwch ar hyd y llwybr sy'n mynd i'r dde nes dod at giât fechan arall. Ewch drwyddi ac ymlaen â chi at goeden a Bedd Gelert.

Cerddwch yn ôl at y bont a thrwy'r giât sydd i'r dde i'r un yr aethoch chi drwyddi ynghynt, ac ewch dros bont. Cerddwch yn syth ymlaen a rhwng dwy res o dai, yna i'r chwith heibio'r tŷ pen nes dod at arwydd llwybr cyhoeddus. Ewch i fyny'r allt nes cyrraedd Penlan ac fe welwch giât fechan o'ch blaen. Ewch drwyddi a cherdded i fyny'r llwybr serth nes dod at ysgwydd wastad.

Dilynwch y llwybr i'r dde nes cyrraedd giât yn y wal. Ewch drwyddi ac yna dilynwch y llwybr i'r dde ac i fyny nes cyrraedd copa craig. Mae golygfa wych o Feddgelert islaw yma, ynghyd ag aber yr afon Glaslyn a Bae Ceredigion yn y pellter. Yna dilynwch y llwybr i'r chwith i ben Mynydd Sygun.

Chwiliwch am lwybr gwael i'r chwith sy'n mynd rhwng creigiau ac yna i lawr â chi at fan corslyd gyda charreg wen yn agos ato. Ewch dros y graig i'r dde iddi ac yna i lawr. Yna cerddwch i fyny ac i lawr i'r dde, nes dod at graig. Peidiwch â dilyn y llwybr sy'n mynd i lawr i'r dde ond ewch dros y grib ac i lawr ac ar hyd ochr craig. Mae hi braidd yn beryglus mewn rhai mannau ar y llwybr yma, felly gellwch fynd i lawr llwybr arall tuag at hen furddun ac ymuno â llwybr sy'n dod o'r dde. Yna trowch i'r chwith a dilyn y llwybr i fyny'r llethr.

Cerddwch dros y grib at bentwr o gerrig (dyma lle y byddech chi wedi cyrraedd pe baech wedi mynd ar hyd y llwybr 'peryglus'). Cerddwch i'r dde, yna heibio arwydd ger hen furddun nes cyrraedd cyffordd, a dilyn y llwybr i lawr i'r chwith. Fe ddewch, gyda hyn, at fan gwastad gyda ffens bren a mainc ar y chwith, ac ar y dde mae mynedfa i hen gloddfa gyda giât haearn yn ei chau.

Ewch i lawr y llwybr llydan gyda ffens bren ar y chwith iddo, trwy giât ac i lawr i Waith Copr Sygun lle cewch aros am rywbeth i'w yfed neu fwyta, cael golwg ar hanes yr hen waith copr neu fynd am daith o dan ddaear yn yr hen weithfeydd.

Cerddwch allan o'r hen waith copr a throi i'r chwith ac i lawr lôn drol sy'n cydredeg â ffens bren (mae arwydd llwybr cyhoeddus ar y ffens). Ewch trwy giât a dilyn y lôn heibio arwydd Crusader Centre ar y chwith, heibio hen garreg filltir ar y dde, ac yna heibio tŷ ar y chwith. Cerddwch ymlaen at bont gan fynd dros y gamfa ger yr arwydd llwybr cyhoeddus. Dilynwch y llwybr sy'n rhedeg ar hyd glannau afon Glaslyn. Ewch trwy giât fechan ac ymlaen â chi, trwy giât fochyn ac at groesffordd.

Ewch yn syth ymlaen, dros bont ac yn ôl i ganol Beddgelert.

WELSOCH CHI'R RHAIN?

1. Yn ôl yr arwyddion, beth sydd ym Mwthyn Llywelyn?

   ....

2. Ym mha flwyddyn yr enillodd Beddgelert wobr Cadw Cymru'n Daclus?

....

3. Ar ôl mynd dros y bont, mae rhes o dai o'ch blaen. Beth ydy rhif y tŷ olaf ar y dde?

....

4. Pwy oedd yn byw ym Mhenlan?

....

5. Mae'r arwydd ger yr hen furddun yn cyfeirio at ddau le. Beddgelert ydy un ohonyn nhw, beth ydy'r llall?

....

6. Yn ôl yr arwydd olaf wrth adael Gwaith Copr Sygun, sut mae copr yn cael ei ffurfio?

....

7. Beth ydy enw'r tŷ lle mae'r Crusader Centre?

....

8. Yn ôl yr hen garreg filltir, pa mor bell ydy Capel Curig?

....

Lladd y Tywysog Idwal

Y STORI

Yn y ddeuddegfed ganrif, Owain ap Cynan oedd Tywysog Gwynedd ac roedd ganddo 19 o feibion. Roedd un ohonyn nhw, Idwal, yn fachgen hardd iawn ac ef oedd ffefryn ei dad. Pan oedd Idwal yn fachgen ifanc, roedd rhyfel rhwng ei dad a Hywel, Brenin Powys, ac roedd bygythiad y byddai byddin Powys yn ymosod ar Wynedd.

Roedd Owain yn awyddus i Idwal gael lle diogel i fyw, a hynny mewn man anghysbell, yn ddigon pell o unrhyw frwydro allai ddigwydd. Roedd hefyd yn awyddus i Idwal ddysgu barddoni a chwarae'r delyn.

Bu Owain yn trafod â'i ymgynghorwyr ynghylch y man mwyaf diogel i anfon Idwal. Yna, cofiodd bod dyn o'r enw Nefydd yn byw mewn tŷ mawr, crand yng Nghapel Curig. Roedd Nefydd yn fardd a thelynor da iawn. Byddai Idwal yn ddiogel yno, a châi wersi telyn gan Nefydd. Ac felly anfonwyd Idwal i fyw i Gapel Curig.

Gan fod Nefydd yn ddyn golygus iawn, roedd pawb yn ei alw'n Nefydd Hardd. Roedd gan Nefydd fab o'r enw Dunawd ac roedd Nefydd yn benderfynol y byddai Dunawt yn tyfu i fyny i fod yn hardd a galluog fel ef ei hun. Ond doedd Dunawd ddim yn fachgen hardd, na chlyfar chwaith, er nad oedd ei dad yn fodlon cyfaddef hynny.

Byddai Idwal a Dunawd yn chwarae'n aml efo'i gilydd

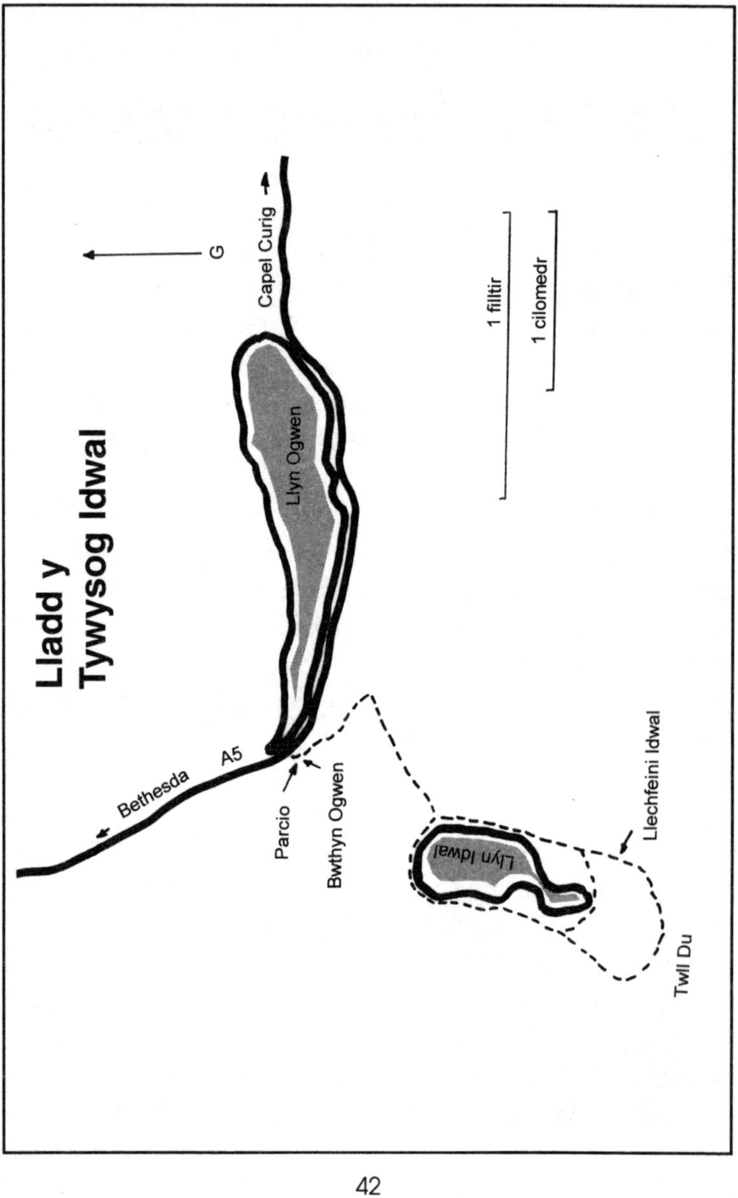
Lladd y
Tywysog Idwal
G
Capel Curig
Llyn Ogwen
Bethesda
A5
Parcio
Bwthyn Ogwen
Llyn Idwal
Llechfeini Idwal
Twll Du
1 filltir
1 cilomedr

ac roedd pobl yr ardal wedi dechrau sylwi fod Idwal yn llawer harddach a mwy galluog na Dunawd. O'r diwedd, fe sylweddolodd Nefydd hefyd nad oedd ei fab ei hun hanner mor hardd a galluog ag Idwal.

Teimlai Nefydd yn genfigennus iawn, a dechreuodd gynllwynio i gael gwared ar Idwal. Ond doedd o ddim eisiau pechu'r Tywysog Owain chwaith. Un bore, aeth Nefydd at Dunawd a dweud wrtho fod pawb yn credu bod Idwal yn harddach a mwy galluog nag o, a bod yn rhaid cael gwared â'r tywysog ifanc.

Awgrymodd Nefydd y dylai ei fab fynd ag Idwal am dro i'r mynyddoedd a'i daflu i mewn i un o'r llynnoedd. Cytunodd Dunawd yn syth gan ei fod wedi cael llond bol ar glywed pobl yn ei gymharu'n anffaffriol ag Idwal.

Aeth y ddau fachgen am dro ar hyd Dyffryn Ogwen, cyn dringo i fyny'r llethr at lyn crwn gyda chreigiau ysgithrog o'i gwmpas. Dechreuodd y ddau gerdded o gwmpas y llyn a phan oedden nhw ger y pen pellaf, o dan y creigiau du, rhoddodd Dunawd ei ddwylo y tu ôl i gefn Idwal a'i wthio i'r dŵr. Heb neb i'w helpu, boddodd Idwal yn nŵr du, dwfn y llyn.

Aeth Dunawd adref a dweud wrth ei dad, ac fe yrrodd Nefydd neges i'r Tywysog Owain i ddweud bod trychineb wedi digwydd – bod Idwal wedi disgyn i'r llyn a boddi. Bu Owain yn galaru am ei fab prydferth a galluog am fisoedd, ond roedd o'n amau stori Nefydd. Anfonodd rai o'i ddynion i'w holi ond ni chawson nhw'r gwir ganddo. Er hynny, roedd Owain yn dal i amau Nefydd a phenderfynodd gymryd ei dŷ mawr, crand oddi arno.

Byth ers i Idwal gael ei wthio i'r llyn uwchben Dyffryn Ogwen, cafodd y llyn yr enw Llyn Idwal. Y gred yw, oherwydd bod gweithred ddrwg wedi digwydd yno, na wnaiff yr un aderyn hedfan dros wyneb du dŵr y llyn.

Y DAITH

O Fwthyn Ogwen, o amgylch Llyn Idwal at y Twll Du ac yn ôl.
3 milltir – 2 awr

Teithiwch ar hyd yr A5 drwy Fethesda neu o gyfeiriad Capel Curig nes cyrraedd Bwthyn Ogwen. Mae lle i barcio car, ac mae arhosfan bws yma. Ewch at y caffi ger Bwthyn Ogwen a chwilio am lwybr i'r chwith iddo. Cerddwch ar hyd y llwybr at gamfa. Ewch drosti ac yna dros bompren. Fe ddewch rŵan at fforch; ewch i'r dde a cherdded ymlaen at Lyn Idwal.

Ger y llyn mae pompren – ewch drosti, ac wedi mynd drwy'r giât cerddwch i'r chwith a dilyn ochr y llyn. Pan gyrhaeddwch draeth bychan, cerddwch arno yn hytrach na dilyn y llwybr i'r dde. Fe welwch wal a giât ynddi. Ewch drwy'r giât. Mae'r llwybr yma'n mynd yn syth ymlaen, ond mae'n serth a charegog ar brydiau. Gellir cerdded i'r chwith yma a dilyn glan y llyn – mae yma dameidiau o lwybr yma ac acw, ond gall fod yn wlyb ar ôl glaw.

Os am fynd i fyny'r creigiau, ewch i fyny'r llwybr nes dod at y Twll Du, sef y creigau mawr du o'ch blaen. Pan fyddwch bron â'u cyrraedd, chwiliwch am lwybr i'r chwith (os ewch chi'n syth ymlaen fe ewch drosodd i Ddyffryn Peris). O ddilyn y llwybr i'r chwith, fe ddewch i lawr at lan y llyn, sef at y man y byddech chi wedi ymuno â'r llwybr pe byddech wedi dilyn glan y llyn yn hytrach na mynd at y Twll Du. I'r dde i chi yma mae Llechfeini Idwal, ac yn aml fe welwch nifer o bobl yn dringo'r creigiau yn y fan hon.

Ymlaen â chi ar hyd y llwybr nes dod at y bompren lle troesoch chi i'r dde ar y ffordd at y llyn. Ewch yn syth ymlaen ac i lawr y llwybr, yn ôl at y caffi a'r maes parcio. Beth am fynd i lawr at yr afon? Yno fe welwch hen bont Thomas Telford yn croesi afon Ogwen. Mae hon tua 200 mlwydd oed, ond mae'r un oddi tani'n mynd yn ôl i gyfnod y Rhufeiniaid.

WELSOCH CHI'R RHAIN?

1. Llun o ba flodyn sydd i'w weld ar arwydd Parc Cenedlaethol Eryri yn y maes parcio?

   ....

2. Mae lluniau ac enwau nifer o flodau ar lechen fawr ar ochr yr adeilad ger y caffi. Pa flodyn sydd ar y gwaelod ar y dde?

   ....

3. Yn ôl y llun o Gwm Idwal ar dalcen yr adeilad ger y caffi, beddau pwy sydd ar lan Llyn Idwal?

   ....

4. Yn ôl arwydd yr Ymddiriedolaeth Genedlaethol ar ôl y bompren (Croeso i'r Glyderau), beth sy'n broblem fawr?

   ....

Cromlech Ganthrig Bwt

Y STORI

Ym Mwlch Llanberis mae pentwr o gerrig mawr a elwir yn Greigiau'r Gromlech. Yma, flynyddoedd lawer yn ôl, roedd gwrach o'r enw Ganthrig Bwt yn byw. Roedd gan bawb yn yr ardal ei hofn ac roedden nhw'n cadw'n ddigon pell oddi wrthi – yn enwedig plant, gan fod sôn ei bod yn hoffi eu bwyta!

Ac yn wir, roedd llawer o blant ardal Nant Peris yn diflannu bryd hynny. Roedd pawb yn credu mai anifeiliaid gwylltion oedd yn byw ar lethrau'r mynyddoedd yr adeg honno oedd yn eu cipio.

Ond un diwrnod, fe ddaeth ci fferm Cwm Glas ar draws darn o sgerbwd ger Creigiau'r Gromlech. Ar y dechrau, roedd pawb yn credu mai rhan o sgerbwd anifail oedd yr asgwrn, ond yn fuan iawn sylweddolwyd mai asgwrn llaw plentyn oedd o!

Roedd pawb yn amau mai Ganthrig Bwt oedd wedi'i ladd, ac aeth un dyn at ei hogof a gwrando'n astud. Clywodd blentyn yn crio y tu mewn. Penderfynodd pawb bod rhaid lladd y wrach cyn iddi gipio rhagor o blant yr ardal. Aeth y dynion dewraf i'r fyny at y creigiau a gweiddi ei henw, gan addo rhoi plentyn yn anrheg iddi. Fe glywodd hi nhw, a dweud y byddai'n dod allan o'i hogof ar ôl gorffen bwyta'r plentyn oedd ganddi.

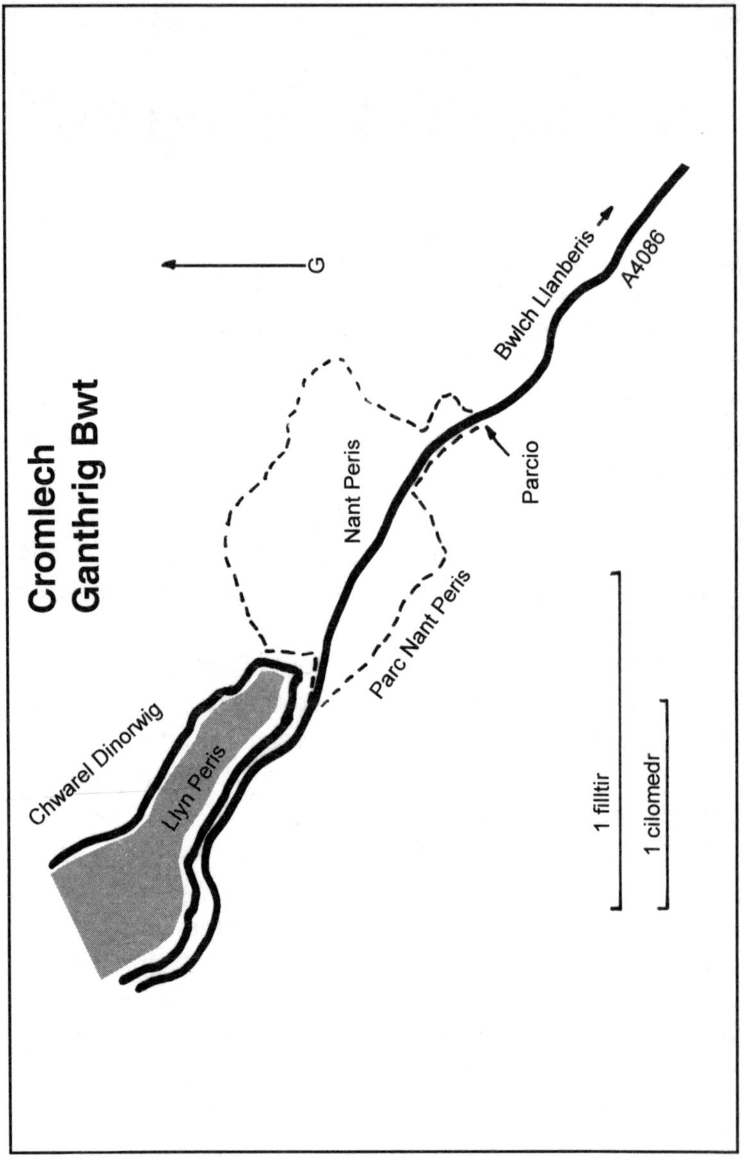
Cromlech
Ganthrig Bwt
G
Bwlch Llanberis
A4086
Nant Peris
Parcio
Parc Nant Peris
Chwarel Dinorwig
Llyn Peris
1 filltir
1 cilomedr

Cyn hir, daeth allan a neidiodd y dynion arni.Torrwyd ei phen i ffwrdd â chryman i wneud yn siŵr na fyddai'n lladd yr un plentyn eto, ac aeth y dynion â hi i Lanberis i'w chladdu mewn lle o'r enw Tir Coch. Byth ers hynny, mae plant yr ardal wedi cael llonydd.

Y DAITH

O Nant Peris, draw am Lyn Peris, ac yn ôl drwy Barc Nant Peris.

3½ milltir – 2 awr 30 munud

Parciwch y car ym maes parcio'r Bws i'r Bwlch yn Nant Peris – mae arhosfan bws gyferbyn ag o. Cerddwch allan o'r maes parcio, troi i'r dde a cherdded yn ofalus gan wynebu'r traffig. Ger arwydd 'Perygl Llifogydd' fe welwch giât fechan haearn. Croeswch y ffordd yn ofalus ac ewch drwyddi.

Dilynwch y lôn drol ar hyd gwaelod y bryn, heibio murddyn, ac yna heibio tŷ ar y dde. Ymlaen â chi ar hyd y llwybr i gyfeiriad wal a thŷ. Cerddwch i'r dde o'r tŷ, trwy hen giât ac i lawr at giât haearn. Ewch drwyddi ac ymlaen â chi rhwng nifer o dai at stad o dai. Trowch i'r dde a cherdded i fyny'r lôn at Gae Gwyn gan fynd i fyny ochr y cae heibio Ty'n y Ffynnon ar y dde.

Yn eich blaen â chi, a thrwy'r giât sydd yn syth o'ch blaen ac yna i fyny ochr y cae gyda'r wal nes dod at gamfa ar y chwith. Ewch drosti ac yna'n syth ymlaen at fryn a choed. Cerddwch dros y bryn ac yna chwilio am gamfa dros ffens ac am bompren mewn man coediog. Ewch drostyn nhw ac i fyny'r grisiau. Ger hen dŷ ar y dde, fe ddewch at lôn drol. Cerddwch ar hyd y lôn drol i lawr i'r chwith.

I'r chwith i chi, mae'r Wyddfa ac efallai y clywch chi'r trên bach yn mynd i'r copa. I'r dde, mae tomenni llechi hen Chwarel Dinorwig. Ewch ymlaen at y giât a thrwyddi i lawr at giât, ac at arwydd llwybr cyhoeddus a chamfa ar y dde. Dringwch dros y gamfa ac i fyny'r lôn at giât a chamfa arall. Ewch dros y gamfa ac yna ymlaen at ffens ar y chwith ac at giât a chamfa arall. Ewch dros y gamfa ac yna'n syth ymlaen. Peidiwch â mynd drwy'r giât fach ar y chwith.

Ewch yn syth ymlaen at bompren a'i chroesi, ac yna at giât fechan. Ewch drwyddi ac yna croesi pont haearn. Chwiliwch am giât ar y chwith ac ewch drwyddi ac yna i lawr â chi ar hyd y llwybr cul. Fe welwch gamfa lechen o'ch blaen; peidiwch â mynd drosti ond mynd yn hytrach drwy'r giât ar y dde ac i lawr efo'r wal at giât fechan. Ewch drwyddi ac i lawr at y lôn. Trowch i'r chwith ac ymlaen nes cyrraedd giât a giât fochyn.

Ewch drwy'r giât fochyn a throwch i'r dde a gan gerdded ar hyd y pafin nes dod at faes parcio bychan ar y chwith. Croeswch y ffordd yn ofalus ac fe welwch arwydd llwybr cyhoeddus a giât fochyn. Ewch drwy'r giât ac i mewn â chi i Barc Nant Peris.

Cerddwch ar hyd y llwybr trwy'r parc, dros y bont a heibio'r chwarel at giât fochyn. Ewch drwyddi ac ymlaen â chi drwy'r rhedyn at giât fechan a phont lechen. Wedi mynd drwy'r giât, croeswch y bont a dilyn y llwybr heibio'r cae chwarae at giât fechan. Ewch drwyddi ac at y ffordd fawr. Trowch i'r dde ac ewch ar hyd y pafin, heibio'r dafarn a'r eglwys hynafol.

Croeswch y ffordd yn ofalus a cherdded ar hyd y pafin nes gweld giât fochyn ar y dde. Croeswch y ffordd yn ofalus unwaith eto. Ewch drwy'r giât a dilyn y llwybr yn ôl i'r maes parcio.

Os hoffech fynd i weld lle'r oedd Ganthrig Bwt yn byw, ewch i fyny Bwlch Llanberis mewn car neu fws. Fe ddewch at dro a phont, ond cyn eu cyrraedd mae cerrig mawr ar y chwith. Dyma Greigiau Cromlech Ganthrig Bwt.

WELSOCH CHI'R RHAIN?

1. Beth ydy'r enw ar y giât haearn gyntaf?

   ....

2. Sawl ffenest sydd yn nhalcen Ty'n y Ffynnon?

   ....

3. Sawl styllen sydd ar lawr y bompren yn y coed (y bompren gyntaf)?

   ....

4. Yn ôl yr arwydd, pwy ddatblygodd Parc Nant Peris?

   ....

5. Pa beryg sydd ym Mharc Nant Peris, yn ôl yr arwyddion melyn ar y dde?

   ....

6. Pwy sy'n cael ei gofio ar y wal ar y dde cyn cyrraedd y bont yn y parc?

   ....

7. Beth ydy'r enw ar y lechen uwchben drws cyntaf tafarn Ty'n Llan?

   ....

Y Gŵr Blew

Y STORI

Mae llawer o sôn am y creadur mawr blewog sy'n byw ym mynyddoedd yr Himalaya, yr Ieti. Ac am y *Bigfoot* sy'n byw yng nghoedwigoedd America. Ond roedd creadur tebyg i'r rhain yn byw yn Eryri ganrifoedd yn ôl.

Mewn ogof yn Nant Gwynant wrth droed yr Wyddfa yr oedd y Gŵr Blew yn byw. Mae rhai'n credu ei fod yn fab i dywysog o rywle ddaeth i ymosod ar bobl Nant Gwynant, a'i fod wedi cael ei adael ar ôl. Gan ei fod yn byw yn wyllt, fe dyfodd blew trwchus dros ei gorff i gyd. Er mwyn cael bwyd roedd o'n dwyn o dai yn yr ardal, a hynny yn ystod y nos wedi iddi dywyllu. Roedd pawb yn gwybod mai'r Gŵr Blew oedd yn dwyn, ond doedd ganddyn nhw ddim syniad ymhle'n union oedd o'n byw er mwyn ceisio'i ddal.

Un noson stormus, oer roedd gwraig ifanc ar ei phen ei hun yn Nhy'n-'rowallt. Roedd ei gŵr wedi mynd i fferm arall i geisio prynu buwch. Yn sydyn, dyma hi'n clywed sŵn ffenest yn torri. Rhuthrodd at y lle tân lle'r oedd ei gŵr yn cadw cleddyf. Cydiodd ynddo ac aeth at y ffenest.

Gwelodd law fawr, flewog yn dod drwy'r ffenest – y Gŵr Blew oedd yno! Cododd y wraig y cleddyf uwch ei phen a tharo braich y creadur. Clywodd sgrech anferth – sgrech gafodd ei chlywed dros y dyffryn i gyd.

Roedd gŵr Ty'n-'rowallt wedi clywed y sgrech a

rhuthrodd adref ar ei union. Erbyn hynny roedd nifer o gymdogion wedi cyrraedd o'i flaen. Penderfynodd pawb fynd i chwilio am y Gŵr Blew. Y tu allan i'r tŷ, yn yr eira, roedd llaw fawr flewog a honno'n yn waed i gyd. Ac roedd olion gwaed yn rhedeg yn un stribyn o'r llaw yn yr eira. Aeth pawb i ddilyn y gwaed i fyny ochr yr Wyddfa ac at raeadr. Yno, fe welson nhw ogof a diferion gwaed yn mynd i mewn iddi.

Roedd ar bawb ofn mynd i mewn i'r ogof rhag ofn i'r Gŵr Blew ymosod arnyn nhw, ond fe gafodd un ohonyn nhw syniad. Roedd nant yn rhedeg wrth geg yr ogof. Aethon nhw ati i roi cerrig yn y nant i atal y dŵr, ac yn raddol dechreuodd lifo i'r ogof. Yn sydyn, dyma'r Gŵr Blew yn neidio allan a rhedeg fel milgi i fyny'r llethr a thros ochr Lliwedd. Anelodd pawb saethau ato, ond ni lwyddwyd i'w daro.

Rai dyddiau'n ddiweddarach, gwelwyd y Gŵr Blew mewn agen yn y graig yn ymyl Maen Du'r Arddu ar lethrau'r Wyddfa. Cytunwyd i fynd ar ei ôl, ond roedd y Gŵr Blew eisoes wedi'u clywed nhw'n dod ac wedi dianc unwaith eto. Aeth dros yr Wyddfa, i lawr Cwm Llan ac am y Cnicht heb i neb lwyddo i'w ddal.

Mae rhai'n dweud ei fod yn dal i fyw mewn ogof yn rhywle yn yr ardal. Ond does neb wedi ei weld ers blynyddoedd lawer. Tybed a ydy o'n dal i fyw yn rhywle yn Nant Gwynant heddiw?

Y Gŵr Blew

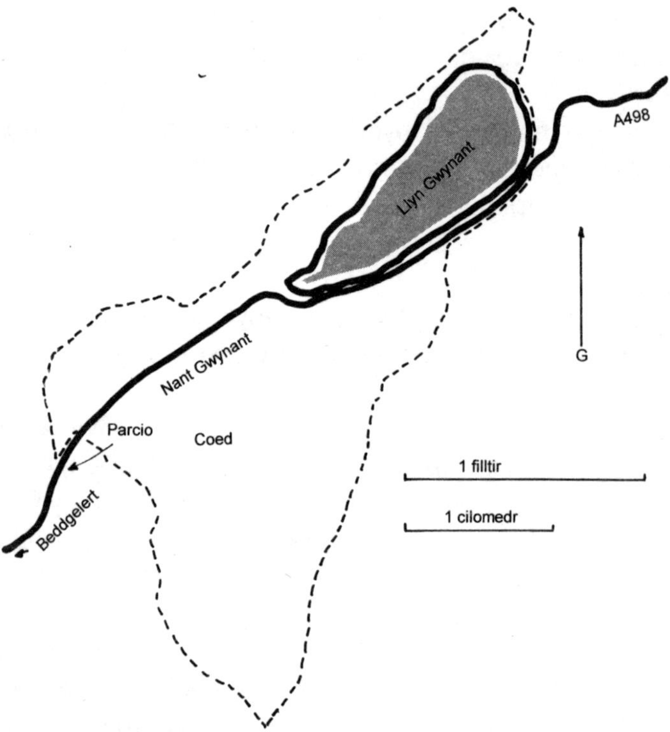
Llyn Gwynant
A498
Nant Gwynant
Parcio
Coed
Beddgelert
G
1 filltir
1 cilomedr

Y DAITH

O Nant Gwynant, o amgylch Llyn Gwynant ac yn ôl.
$4\frac{1}{2}$ milltir – 4 awr (os am fynd o amgylch y llyn), fel arall 3 milltir – 2 awr 30 munud

Parciwch y car neu ddod oddi ar y bws ym maes parcio Pont Bethania, ger y toiledau, yn Nant Gwynant. Ar un ochr i'r maes parcio mae Plas Gwynant Lodge ac arwydd llwybr cyhoeddus ger giât. Ewch drwy'r giât ac i fyny'r lôn. Pan ddewch at adeilad ar y chwith, mae'r lôn yn fforchio. Ewch i'r chwith, drwy'r coed ac at grid gwartheg.

Peidiwch â mynd dros y grid ond yn hytrach dilyn y llwybr i'r dde i gyfeiriad y saeth felen. Ewch dros y bont ac i fyny'r llwybr allan o'r coed ac i ffordd. Trowch i'r chwith a cherdded i fyny'r allt, heibio tŷ o'r enw Castell ar y chwith. Ymlaen â chi, heibio Bryn Bedd ar y chwith, ac yna chwiliwch am arwyddion llwybr cyhoeddus a chamfa, sydd hefyd ar y chwith.

Ewch dros y gamfa a dilyn y llwybr gyda'r wal a choed pin, ac at giât a chamfa. Ewch dros y gamfa a dilyn y llwybr yn ofalus ar hyd ochr afon at bompren. Croeswch y bompren a dilyn y llwybr drwy'r brwyn, heibio saeth wen ar garreg fawr a heibio bwthyn ar y dde.

Ymlaen â chi a chroesi pompren arall. Pan ddewch at giât fechan yn y wal, ewch drwyddi a dilyn y llwybr ar hyd y wal. Yna cerddwch drwy'r coed rhododendron, croesi nant fechan ac ymlaen at gamfa. Ewch drosti ac i mewn i goedwig dywyll. Tybed a ydy'r Gŵr Blew yn dal i guddio yno yn rhywle?

Croeswch nant fechan a dod at gamfa. Ewch drosti a cherdded at hyd y llwybr allan o'r goedwig. Cerddwch yn syth ymlaen tuag at yr adeilad, yn hytrach na dilyn y llwybr i'r chwith. Yna, fe ddewch at arwydd llwybr cyhoeddus a hostel ieuenctid. Ewch heibio'r adeilad ac yn syth ymlaen. Fe welwch bolyn yn y ddaear a saeth arno'n cyfeirio i'r chwith. Anwybyddwch hwn gan fynd yn syth yn eich blaen drwy'r brwyn tuag at goeden dal â wal gron o'i chwmpas.

Trowch i'r dde o'r goeden ac at wal gron arall a choed ynddi. Ewch i'r dde i hon hefyd, ac ymlaen â chi at wal sy'n rhedeg i lawr y llethr tuag at Lyn Gwynant. Cerddwch gyda'r wal nes dod at lôn drol ar y dde i chi. Ewch ar ei hyd ac i lawr rhwng dwy wal gan anwybyddu'r lôn sy'n troi i'r dde.

Pan mae'r lôn drol yn troi i'r chwith, cerddwch yn syth yn eich blaen efo'r wal ac nid ar hyd y lôn. Fe ddewch at lôn drol eto, ond daliwch i fynd yn syth i lawr efo'r wal nes ymuno â'r lôn drol eto a'i dilyn i lawr i'r ffordd fawr. Croeswch y ffordd fawr yn ofalus, ac i'r pafin ar yr ochr arall.

Mae gennych ddau ddewis rŵan: un ai mynd i'r chwith a cherdded ar y pafin yn ôl i'r maes parcio – fe gymer rhyw hanner awr i fynd yn ôl – neu gallech droi i'r dde a mynd o amgylch Llyn Gwynant, sy'n rhyw ddwy awr o daith.

Os am fynd o amgylch y llyn, trowch i'r dde a dilyn y llwybr sy'n mynd ar hyd ochr y ffordd nes daw i ben. Yna, chwiliwch am gamfa wrth ochr y llyn. Ewch drosti a dilyn y llwybr ar hyd ochr y llyn nes dod at goed a bryn. Dilynwch y llwybr i fyny'r bryn – byddwch yn ofalus, mae un rhan ohono braidd yn beryglus.

Ewch i lawr drwy'r coed ac at gamfa. Ewch drosti ac yn ôl â chi at lan y llyn. Yna trowch i'r dde, yn hytrach na mynd ymlaen at y traeth bychan. Dilynwch y lôn drol, ac yna troi i'r chwith i gyfeiriad maes parcio bychan ac i'r maes gwersylla. Trowch i'r dde a cherdded i ben draw'r cae at bont.

Ewch dros y bont, trwy giât fechan a throi i'r chwith gan ddilyn y llwybr drwy'r creigiau at giât fechan arall. Ewch drwyddi, a dilyn ochr y wal at gamfa. Ewch drosti gan ddilyn y llwybr i fyny drwy'r coed. Gyda hyn fe ddewch at lwybr â llawr coed iddo. Cerddwch ymlaen nes y bydd yn fforchio. Trowch i'r dde.

Yna fe ddewch at graig fawr sy'n lle braf i eistedd i edrych i lawr ar y llyn a chael picnic. Ewch ymlaen ar hyd y llwybr nes dod at fforch arall. Ewch i fyny i'r dde. Byddwch yn ofalus yma rhag ofn i chi lithro. Ewch i lawr at giât a chamfa. Ewch dros y gamfa ac yna cerddwch ar hyd y darn gweddol wastad. Ymlaen â chi ar hyd y llwybr, heibio hen gloddfa gopr ac at fferm ar y chwith. Yn y fan hon fe allech ddilyn y llwybr i'r chwith dros y bont at y fferm ac yn ôl i'r ffordd fawr, ond gan mai llwybr preifat ydy o, byddai'n well i chi ofyn am ganiatâd.

Fel arall, ymlaen â chi nes dod at afon a dilyn y llwybr tuag at adeilad ar y dde a giât a chamfa o'ch blaen. Ewch dros y gamfa ac ymlaen drwy adwy ac i'r chwith. Trwy ddwy adwy arall ac at giât a phont. Ymlaen â chi drwy tair giât ger fferm Hafod y Llan ac ar hyd y ffordd yn ôl i'r maes parcio. Byddwch yn ofalus wrth groesi'r ffordd.

WELSOCH CHI'R RHAIN?

1. Manylion am ba lwybr sydd i'w gweld ar yr arwydd yn y maes parcio?

   ....

2. Beth sydd ar yr arwydd ar y wal ger Lodge Plas Gwynant?

   ....

3. Sawl ffenest sydd yn nhu blaen Castell?

   ....

4. Sawl simnai sydd ar do Bryn Bedd?

   ....

5. Pa mor bell ydy Tremadog, yn ôl y garreg filltir sydd yn y wal ger Llyn Gwynant?

   ....

Ffynnon Elen

Y STORI

Yn y bedwaredd ganrif, Rhufeiniwr o'r enw Magnus Maximus, neu Macsen Wledig, oedd yn rheoli Prydain. Un tro daeth i Segontiwm lle mae Caernarfon erbyn heddiw ac yno gwelodd eneth dlos o'r enw Elen. Syrthiodd mewn cariad â hi a gofyn iddi ei briodi. Cytunodd Elen a daeth yn wraig iddo gan deithio gydag ef a'i filwyr ar hyd a lled y wlad.

Er mwyn ei gwneud yn haws i deithio ar draws Cymru, roedd Elen eisiau i'w gŵr adeiladu ffordd o'r gogledd i'r de. Gwnaeth Macsen hynny a chafodd y ffordd yma ei galw'n Sarn Helen neu Sarn Elen ar ei hôl hi; mae rhannau o'r ffordd yn dal yn y golwg heddiw.

Ganed dau fab i Macsen ac Elen a thyfodd y ddau i fod yn arweinwyr byddinoedd eu tad. Un tro roedd Elen yn teithio o Segontiwm tua'r de gyda nifer o filwyr ei gŵr. Y tu ôl iddi, gyda rhagor o filwyr, oedd ei mab ieuengaf, ei ffefryn.

Roedd Elen a'r milwyr wedi teithio heibio Llyn Cwellyn, trwy Fwlch Aberglaslyn, ac yn anelu tuag at Ffestiniog. Wedi mynd heibio Aberglaslyn mae'r ffordd yn mynd drwy Nantmor a heibio'r Cnicht. Roedd hi'n waith caled dringo'r llethrau, ac wedi iddyn nhw fynd heibio'r Cnicht fe arhosodd Elen a'r milwyr ger ffynnon fechan er mwyn yfed

y dŵr oer.

Tra oedden nhw'n eistedd yno'n gorffwys, daeth dyn ar frys tuag atyn nhw. Dywedodd bod mab Elen wedi cael ei ladd. Wrth i'w milwyr nhw fynd heibio Castell Cidwm – cartref y cawr Cidwm ar lan Llyn Cwellyn, meddai'r dyn – hedfanodd saeth drwy'r awyr a tharo'i mab a'i ladd. Cidwm oedd wedi ei saethu, meddai'r dyn, er nad oedd neb wedi ei weld yn gwneud hynny. Dros y blynyddoedd, roedd llawer yn credu mai ei frawd laddodd y tywysog am ei fod yn genfigennus mai ef oedd ffefryn ei fam. Ond y cawr gafodd y bai, ac mae'n bosib fod Elen yn gwybod y gwir. Pan glywodd y newyddion, gwaeddodd "Croes awr – croes awr i mi!" am fod hyn yn newyddion trist iawn iddi. A byth ers hynny, cafodd y lle ei alw yn Croesawr neu Croesor.

Dros y blynyddoedd tyfodd pentref bychan o'r enw Croesor o amgylch y ffynnon lle derbyniodd Elen y newyddion drwg am ei mab.

Y DAITH

O Groesor, i fyny'r cwm, i chwareli Croesor a Chwmorthin, ac yn ôl.

6 milltir – 2 awr 30 munud

Parciwch y car yn y maes parcio yng Nghroesor. Yn anffodus, does dim bws yn mynd i'r pentref ond fe allech ddod yma ar feic er ei bod braidd yn bell. Cerddwch allan o'r maes parcio a throi i'r chwith tuag at y groesffordd ac yna i'r chwith eto. Ewch i fyny'r ffordd. Pan ddewch i ddiwedd y ffordd darmac, mae rhes fechan o dai ar y chwith a ffordd yn troi i'r dde heibio tŷ mawr. Cerddwch i

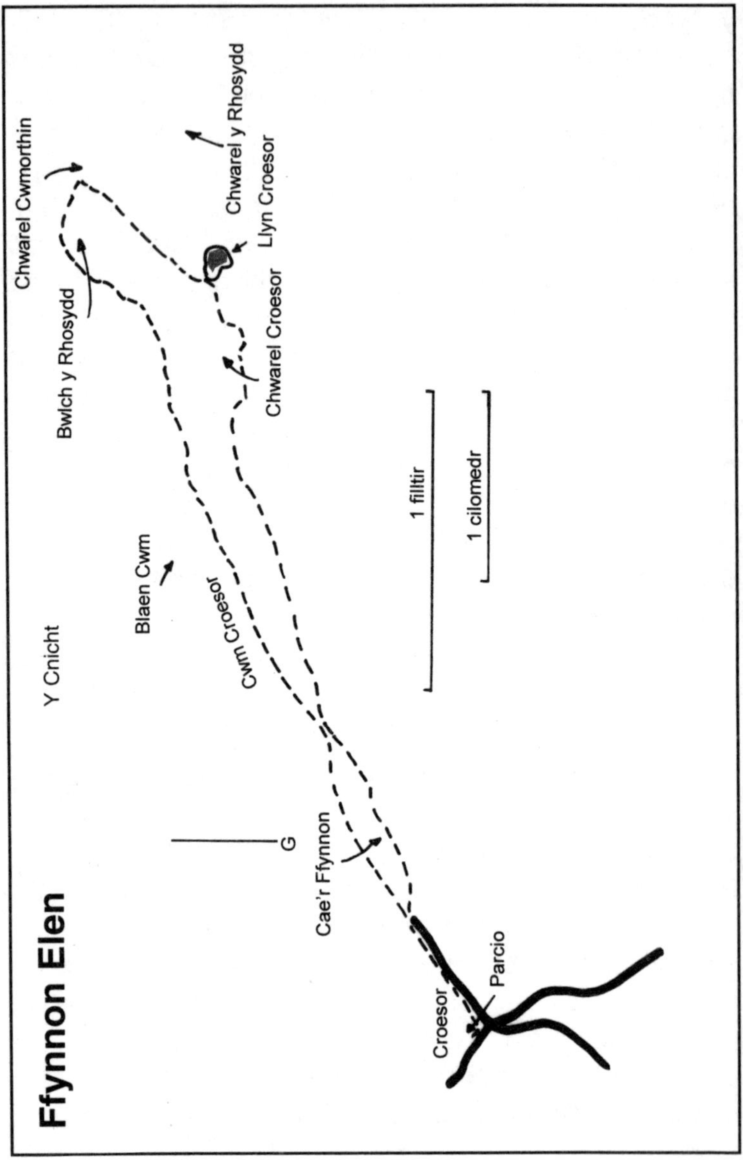
Ffynnon Elen
Chwarel Cwmorthin
Chwarel y Rhosydd
Llyn Croesor
Bwlch y Rhosydd
Chwarel Croesor
1 filltir
1 cilomedr
Blaen Cwm
Cwm Croesor
Y Cnicht
G
Cae'r Ffynnon
Parcio
Croesor

fyny'r ffordd i'r dde ac at giât. Ewch drwyddi ac i fyny'r hen ffordd i Chwarel Croesor. Byddwch yn mynd heibio bwthyn ar y chwith wrth fynd i fyny'r allt. Islaw i chi mae Cae'r Ffynnon a'r mynydd uchel ar y chwith ydy'r Cnicht.

Daliwch i gerdded i fyny; gyda hyn byddwch yn croesi hen inclên sy'n rhedeg i lawr y llethr i Gwm Croesor. Ymlaen â chi at Chwarel Croesor, heibio'r hen gwt weindio ac at giât a chamfa. Ewch dros y gamfa a heibio'r siediau cyntaf. Rhwng dwy sied ar y dde, fe welwch dwll yn y graig gyda giât haearn yn eich rhwystro rhag mynd i mewn. Yma byddai dynion yn cloddio am lechi erstalwm ac oddi yma y daeth y cerrig sydd yn y tomenni o'ch cwmpas.

Anwybyddwch y llwybr sy'n mynd i fyny i'r dde, ond ewch ymlaen at sied wedi'i chwalu bron i'r llawr ac fe welwch lwybr yn mynd i'r chwith (h.y. pan rydych â'ch cefn tuag at Gwm Croesor). Ewch i fyny'r llwybr blêr yma i ben y grib. Yma, o'ch blaen, fe welwch domenni llechi hen Chwarel y Rhosydd. Dilynwch y llwybr i lawr tuag at hen argae Llyn Croesor a'i groesi.

Yna, dilynwch y llwybr i'r chwith – yn ofalus – dros y graig, trwy'r brwyn, tuag at gamfa dros ffens (gwyliwch – mae hon yn ffens drydan!) ger tomen lechi. Ymlaen â chi i Chwarel Cwmorthin. Beth am fynd o amgylch i weld beth welwch chi? Ond byddwch yn ofalus. Yna dilynwch hen ffordd y chwarel i'r chwith ac at giât a chamfa. Ewch dros y gamfa a dilyn gwely'r hen reilffordd; fe welwch breniau'n mynd ar draws bob hyn a hyn – hen slipers lein ydyn nhw. Fe ddewch rŵan i Fwlch y Rhosydd, gyda Chwm Croesor oddi tanoch a llwybr yn mynd i lawr y cwm. Dyma le delfrydol i gael picnic.

Peidiwch â dilyn yr hen reilffordd, ond yn hytrach cerddwch yn ôl rhyw 30 metr a chwilio am lwybr yn mynd i lawr at y llwybr welsoch chi'n mynd i lawr y cwm. Ewch i lawr yn ofalus ac yna ymlaen nes cyrraedd giât fechan wrth droed tomen lechi Chwarel Croesor. Ewch drwy'r giât, a chyda hyn byddwch yn croesi inclên serth sy'n mynd i fyny i Chwarel Croesor. Islaw, i'r dde, mae adeilad bychan ar waelod inclên hir. Dyma Flaen Cwm. Yma roedd tyrbeini i gynhyrchu trydan; Cwm Croesor oedd un o'r llefydd cyntaf yng ngogledd Cymru i gael trydan – ac roedd hynny tua 80 mlynedd yn ôl. Bu'r adeilad yma yn eiddo i'r Urdd wedi hynny a byddai llawer yn aros dros nos yma tra'n cerdded y mynyddoedd. Erbyn hyn mae'n cael ei ddefnyddio i'w bwrpas gwreiddiol – sef cynhyrchu trydan.

Croeswch inclên serth arall ac ymlaen at giât a chamfa. Ewch dros y gamfa ac i lawr y cae gyda'r hen wal, nes cyrraedd llwybr; ewch i lawr i lôn drol ger Banc y Moelwyn. Cerddwch i lawr y lôn drol, heibio fferm Croesor Fawr ar y dde. Ewch dros grid gwartheg a heibio'r ffordd y cychwynnwyd y daith arni, ac ymlaen â chi ar hyd y ffordd darmac yn ôl i'r maes parcio.

WELSOCH CHI'R RHAIN?

1. Yn ôl yr arwydd ym maes parcio Croesor, cân pa aderyn rydych chi'n debygol o'i chlywed yn y cwm?

   ....

2. Sawl ffenest sydd ar du blaen y tŷ mawr ger y groesffordd yn y pentref?

....

3. Ar y rhes o dai yng Nghwm Croesor, sawl corn simnai welwch chi?

....

4. Sawl twll sgwâr sydd ar dalcen cwt weindio Chwarel Croesor?

....

5. Sawl bar sydd yn y giât sy'n eich rhwystro rhag mynd at y twll yn Chwarel Croesor?

....

6. Sawl ffenest sydd ar du blaen adeilad Blaen Cwm?

....

7. Mae arwydd ger fferm Croesor Fawr. Beth ydy'r geiriau uwchben yr enw Banc Moelwyn?

....

Dafydd ap Siencyn, yr herwr

Y STORI

Er i luoedd Owain Glyndŵr gael eu trechu gan y Saeson yn nechrau'r 15fed ganrif, ac i Owain ddiflannu am byth, doedd pob Cymro ddim yn fodlon ildio i'r gelyn.

Yn Nant Conwy, roedd nifer o herwyr dan arweiniad Dafydd ap Siencyn yn benderfynol o barhau â'r frwydr. Roedd Dafydd a'i ddynion yn byw mewn ogof yng Ngharreg y Gwalch uwchben Llanrwst. Roedden nhw'n gwisgo dillad gwyrdd a brown fel ei bod yn anodd iawn eu gweld yn symud yn llechwraidd drwy'r coed. Y bwa hir a'r cleddyf oedd hoff arfau'r herwyr, ac roedden nhw'n arbenigwyr ar eu defnyddio. Roedd gan Dafydd ei fwa arbennig ei hun – Bwa Trwch y Blewyn oedd ei enw arno.

Roedd bywyd yr herwyr yn un anodd gan y gallen nhw gael eu dal a'u lladd unrhyw adeg. Yn aml, yn ystod y nos y bydden nhw'n mynd o gwmpas yr ardal – a chan bod Nant Conwy yr adeg honno yn ddyffryn coediog iawn, roedden nhw'n gallu symud yn weddol hawdd heb i neb eu gweld. Roedden nhw'n byw ar gig carw a baedd gwyllt y bydden nhw'n eu saethu yn y coedwigoedd. Er mwyn cadw mewn cysylltiad â'i gilydd, a rhag i'r gelyn eu deall, roedden nhw'n gwneud synau fel adar.

Prif elyn Dafydd oedd y Sais, Dicwn Pemrtwn, neu'r Ustus Coch fel roedd yn cael ei alw. Roedd yr Ustus Coch

Dafydd ap Siencyn, yr herwr

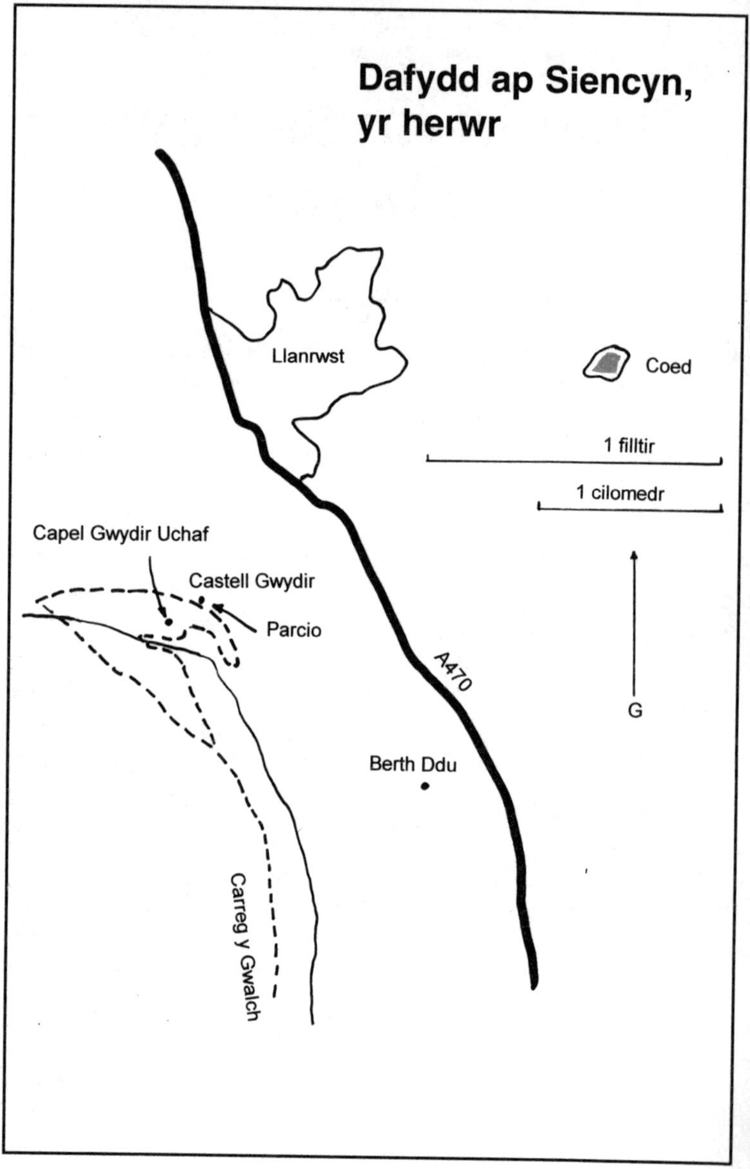

yn ddyn milain a chreulon ac yn gyfeillgar â Brenin Lloegr. Roedd wrth ei fodd yn gormesu pobl Nant Conwy, yn eu taflu allan o'u cartrefi a dwyn eu heiddo. Ond byddai Dafydd ap Siencyn wastad yn talu'r pwyth yn ôl ac yn ymosod ar eiddo'r Ustus Coch.

Roedd yr Ustus wedi methu trechu Dafydd ap Siencyn a'r herwyr, ac felly fe ofynnodd i Iarll Penfro ddod â'i fyddin i ymosod arno. Fe losgodd Iarll Penfro dref Llanrwst a sawl pentref i'r llawr, ac roedd yn rhaid i'r bobl ffoi i'r mynyddoedd. I ddathlu, penderfynodd Iarll Penfro gael gwledd ar dir fferm Berth Ddu. Roedd pob math o fwyd ar gael yno – yn gig a llysiau a chwstard – a'r rheiny mewn dysglau mawr ar y byrddau.

Roedd pawb wrthi'n bwyta pan – yn sydyn – hedfanodd saeth drwy'r awyr a glanio mewn dysgl o gwstard gan wneud iddo dasgu i bob cyfeiriad. Yna, daeth rhagor a rhagor o saethau a cheisiodd y milwyr Seisnig ffoi i bob cyfeiriad. Dafydd ap Siencyn a'i ddynion oedd yn tanio'r saethau o'r creigiau uwchlaw. Gadawodd byddin Iarll Penfro yr ardal a chafodd trigolion Nant Conwy fynd yn ôl i'w cartrefi.

Ond roedd yr Ustus Coch yn dal i boeni pobl yr ardal. Un diwrnod, dyma Dafydd ap Siencyn a'i ddynion yn ymosod ar dref Dinbych lle'r oedd yr Ustus yn byw. Rhoddodd yr helwyr y dref ar dân ac aeth Dafydd i chwilio am ei hen elyn. Roedd o yn y llys ar y pryd, yn eistedd rhwng dau farnwr. Cerddodd Dafydd ato, tynnu ei gyllell o'i wregys, a thrywanu'r Ustus Coch yn farw.

Wedi hynny, cafodd Dafydd ap Siencyn a thrigolion Nant Conwy lonydd i gario ymlaen â'u bywydau heb fod neb yn ymosod arnyn nhw, yn llosgi eu tai nac yn dwyn eu heiddo.

Y DAITH

O Gastell Gwydir, trwy'r coedwigoedd, heibio Carreg y Gwalch ac yn ôl heibio Capel Uchaf Gwydir.

2½ miltir – 2 awr

Croeswch yr hen bont o Lanrwst am Gastell Gwydir – mae yna le i barcio y tu allan i'r castell. Os ydych yn dod ar fws, bydd yn rhaid i chi gerdded o Lanrwst i Gastell Gwydir, taith o tua hanner milltir.

Cerddwch ar hyd y pafin, yn ôl i gyfeiriad Llanrwst, at groesffordd, ac yna ewch i fyny'r allt i'r chwith. Byddwch yn ofalus gan nad oes pafin yma, a cherddwch yn wynebu'r traffig. Wedi mynd rownd y tro, fe welwch arwydd llwybr cyhoeddus a ffordd gul yn mynd i'r goedwig. Dilynwch hi. Cerddwch heibio'r maes parcio bychan ar y chwith a chwilio am lwybr yn mynd i'r dde ger arwydd Côd Beicio.

Ewch i fyny'r llwybr, sydd yn serth ar brydiau, ac yna cerddwch am i lawr tuag at gyffordd. Ewch i lawr i'r chwith at gyffordd arall, ac yna i'r dde. Os cerddwch am tua 20–30 munud fe ddewch at Garreg y Gwalch lle'r oedd Dafydd ap Siencyn a'i ddynion yn byw.

Yna trowch yn ôl, a mynd yn ôl i'r gyffordd ac yna ar hyd y ffordd sy'n mynd i'r dde. Yn syth wedi'r gyffordd fe welwch lwybr cul yn mynd i'r dde. Dilynwch o ac fe ddewch at fainc lle mae golygfa wych o Nant Conwy oddi tanoch. Yn y caeau islaw, caeau Berth Ddu, y cafodd Iarll Benfro ei wledd cyn i Dafydd ap Gwilym a'i ddynion danio'u saethau ato.

Ewch yn ôl i'r prif lwybr a'i ddilyn i lawr yr allt. Anwybyddwch y llwybr sy'n mynd i lawr i'r dde a'r un sy'n mynd i'r chwith ychydig ymhellach ymlaen, ac ewch at gyffordd. Ewch ar hyd y llwybr cyntaf i'r dde a cherdded i lawr yr allt, ac yna ewch i'r chwith ac fe ddewch at Gapel Gwydir Uchaf. Yma roedd sbardunau Dafydd ap Siencyn yn cael eu cadw tan yn weddol ddiweddar, ond erbyn hyn maen nhw wedi pydru'n llwyr.

Wedi edrych o gwmpas y capel, ewch yn ôl ar hyd y ffordd gul a cherdded i lawr yr allt nes dod at y ffordd fawr. Croeswch y ffordd yn ofalus ac yna cerdded i'r chwith – gan fod yn ofalus iawn rhag y traffig – ac yn ôl at Gastell Gwydir.

WELSOCH CHI'R RHAIN?

1. Beth sydd ar ben y wal ar y dde ger mynedfa Castell Gwydir?

   ....

2. Yn ôl yr arwydd ffordd, beth ydy rhif y ffordd i Drefriw?

   ....

3. Mae pedwar sgwâr ar yr arwydd cyn mynd i'r goedwig. Llun beth sydd ar y sgwâr ar y dde?

   ....

4. Yn ôl yr arwydd Côd Beicio, beth ydy'r gorchymyn cyntaf?

   ....

5. Pa bryd y cafodd Capel Gwydir Uchaf ei adeiladu?

   ....

Afanc Dyffryn Conwy

Y STORI

Ganrifoedd lawer yn ôl, roedd pobl Dyffryn Conwy yn cael eu poeni gan anifail mawr ffyrnig oedd yn byw mewn pwll yn yr afon. Afanc oedd yr anifail hwn, ac roedd ganddo bwerau anhygoel. Pan fyddai mewn tymer ddrwg byddai'n achosi llifogydd gan ddifetha'r cnydau a boddi'r gwartheg.

Roedd dynion ifanc dewraf yr ardal wedi ceisio lladd yr afanc trwy daflu gwaywffyn a saethu saethau ato, ond doedd yr arfau hyn ddim yn torri drwy ei groen caled. Daeth dynion doeth y dyffryn at ei gilydd i geisio cytuno ar beth i'w wneud efo'r afanc. Y penderfyniad oedd i dynnu'r afanc allan o'r pwll a mynd ag o i un o'r llynnoedd i fyny yn y mynyddoedd.

Aeth gofaint lleol ati i wneud cadwyni mawr, cryf o haearn ac fe aeth pawb i chwilio am y ddau ychen cryfaf yn yr ardal. Hu Gadarn oedd biau'r ddau ychen cryfaf, rhai â chyrn mawr hir, ac un bore daeth â nhw i Fetws-y-coed.

Cyn y gellid rhoi'r cadwyni am yr afanc, roedd yn rhaid ei ddenu allan o'r pwll. Wedi cryn grafu pen, fe gofiodd un gŵr doeth bod yr afanc yn hoffi merched ifanc, del. Mi aethon nhw i chwilio am ferch ifanc, ddewr fyddai'n fodlon ceisio denu'r afanc o'r pwll – ac o'r diwedd cafwyd hyd i un.

Aeth y dynion â'r ddau ychen i guddio yn y coed ger pwll yr afanc ac aeth y ferch ifanc i eistedd ar lan y pwll gan ddechrau canu'n ddistaw tra'n cribo'i gwallt. O fewn

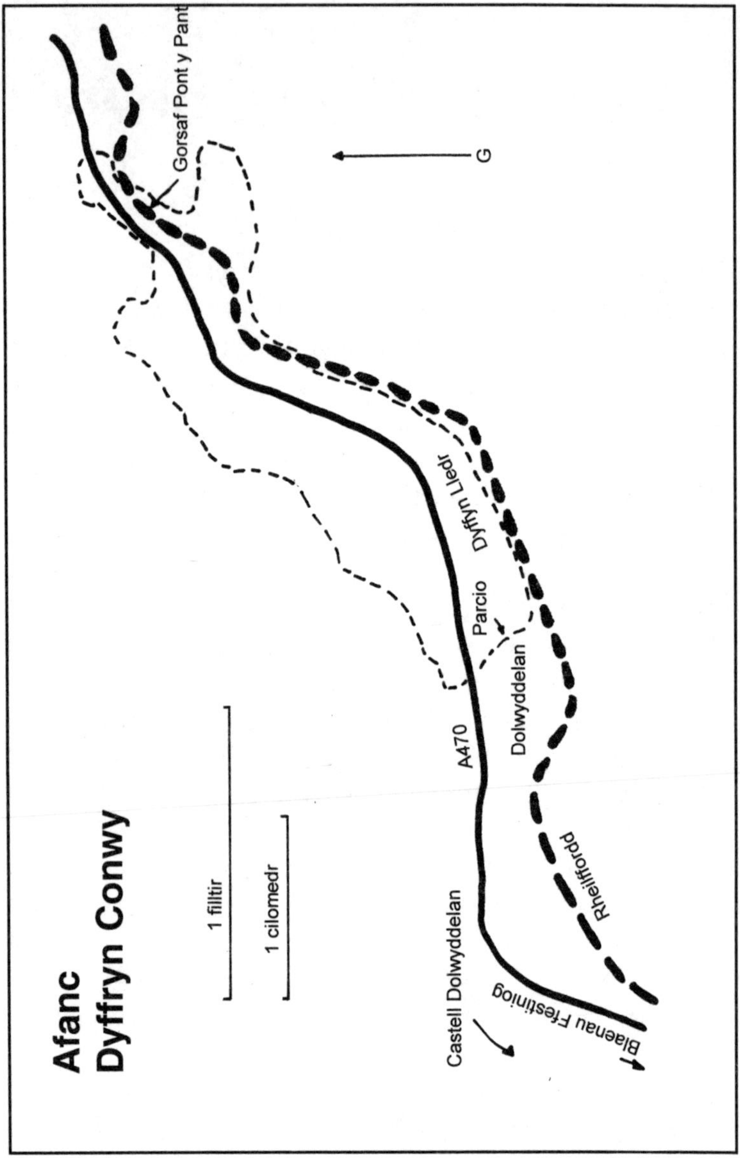
Afanc
Dyffryn Conwy
1 filltir
1 cilomedr
Gorsaf Pont y Pant
G
Dyffryn Lledr
Parcio
Dolwyddelan
A470
Castell Dolwyddelan
Rheilffordd
Blaenau Ffestiniog

dim, cododd pâr o lygaid enfawr o'r pwll, yna pen mawr, ac yna gweddill corff yr afanc anferth. Daeth yr anghenfil allan o'r dŵr a rhoi ei ben mawr, hyll ar lin y ferch ifanc gan wrando arni'n canu.

Yna neidiodd y dynion o'r coed a chlymu'r cadwyni am gorff yr afanc. Gwylltiodd hwnnw a tharo'r ferch ifanc â'i grafangau anferth ac yna neidiodd yn ôl i'w bwll. Ond roedd y cadwyni'n dal amdano a dechreuodd y ddau ychen dynnu'n galed.

Yn araf bach, tynnwyd yr afanc allan o'r pwll, ar hyd glan yr afon, ac yna i fyny Dyffryn Lledr tuag at Ddolwyddelan. Yna, gyda'r dynion i gyd yn helpu'r ddau ychen, tynnwyd yr afanc drwy Fwlch Rhiw'r Ychen dros Foel Siabod ac i ben Dyffryn Gwynant. Cymaint oedd ymdrech y ddau ychen fel y bu i lygad un ohonyn nhw ddisgyn allan gan achosi iddo grio. Byth ers hynny galwyd y pwll gafodd ei ffurfio gan y dagrau yn Bwll Llygad yr Ych.

Yna llusgwyd yr afanc i fyny Cwm Dyli a heibio Llyn Llydaw, nes o'r diwedd cyrraedd Llyn Glaslyn. Ar lan y llyn, tynnodd y dynion y cadwyni. Unwaith roedd yr afanc yn rhydd, neidiodd i'r llyn ac yno mae o hyd heddiw, medd rhai pobl.

Y DAITH

O Ddolwyddelan, ar hyd glannau afon Lledr, heibio gorsaf Pont y Pant, yna croesi'r briffordd ac yn ôl ar hyd llwybr drwy'r coed i Ddolwyddelan.

4 milltir – 2 awr

Gellwch gyrraedd Dolwyddelan un ai gyda char, bws neu drên. Mae arhosfan bws yng nghanol y pentref ac mae lle i barcio ar y ffordd i'r orsaf. Cerddwch i gyfeiriad yr orsaf neu, os yn dod ar drên, dechreuwch y daith o'r orsaf.

Cerddwch i gyfeiriad yr orsaf, heibio eglwys y plwyf ar y dde a chofeb i'r rhai fu farw yn y ddau ryfel byd ar y chwith. Anwybyddwch yr arwydd llwybr cyhoeddus ar y chwith. Ymlaen â chi dros y bont gyntaf ac yna troi i'r chwith rhwng yr ysgol a'r orsaf. (Os mai dod ar y trên fyddwch chi, yma y bydd y daith yn cychwyn.)

Ymlaen ar hyd y ffordd, trwy'r giât a heibio fferm Tŷ Isaf. Trwy ddwy giât arall ac ar hyd y ffordd sy'n rhedeg ar hyd glannau'r afon Lledr ac at arwydd a phont ar y chwith. Peidiwch â chroesi'r bont ond ewch yn syth ymlaen, dros bont fechan, trwy giât ac i gae. Mae'r llwybr yn dilyn y wal ac yn mynd heibio tŷ ar y dde ac yna rhwng ffens a choed. Cerddwch o dan y rheilffordd ac i fyny at giât. Ewch drwyddi a dilyn y llwybr trwy'r coed ac yna i lawr at giât wen a giât fechan.

Ewch drwy'r giât fechan ac yna heibio tŷ a bwthyn ar y chwith. Cerddwch yn syth ymlaen gan anwybyddu arwydd llwybr cyhoeddus ar y dde. Ewch heibio dau dŷ ar y dde – Caldy Villa a Cae Sarn – ac ymlaen tua gorsaf Pont y Pant ar y chwith. Beth am fynd ar y platfform lle ceir arwydd â hanes yr ardal arno?

Yna ewch yn ôl i'r ffordd a cherdded dros bont, heibio gwesty Plas Hall ar y dde a thros bont at y ffordd fawr. Croeswch y ffordd yn ofalus gan edrych i'r dde a'r chwith ac ewch at giât fechan. Ewch drwyddi a cherdded i fyny'r llwybr trwy'r coed at giât a chamfa. Ewch dros y gamfa a cherdded i'r chwith ar hyd y lôn at y ffordd fawr. Trowch i'r dde a cherdded ar ochr dde'r ffordd, heibio carreg filltir ac yna ar y dde fe welwch arwydd llwybr cyhoeddus a lôn yn mynd i fyny'r allt.

Dilynwch y lôn trwy fuarth fferm ac ymlaen trwy ddwy giât, ac yna ewch i'r cae ar y chwith. Chwiliwch am lwybr yn mynd i fyny i'r chwith ac ewch ar ei hyd nes dod at gamfa. Ewch drosti a cherdded ar hyd y cae at lôn drol. Ewch i'r chwith ac yna dringwch dros gamfa ar y dde. Cerddwch ar hyd y cae gan ddilyn y polion at gamfa. Ewch drosti a dilyn y llwybr drwy'r coed, eto'n dilyn polion, ac fe ddewch at gamfa. Dringwch drosti a throi i'r chwith gan ddilyn y llwybr sy'n rhedeg ar hyd ochr ffens.

Ymlaen â chi drwy goed pin nes cyrraedd lôn. Trowch i'r chwith, ac yna wedi rhai metrau fe welwch ffordd yn troi i'r dde. Dilynwch hon. Yna chwiliwch am lwybr yn mynd i lawr i'r chwith a'i ddilyn nes cyrraedd lôn gul. Ewch i lawr yr allt i'r chwith ac fe ddewch allan yn y ffordd fawr.

Trowch i'r dde a cherdded ar hyd y pafin heibio Gwesty Castell Elen, capel Moreia a gwesty'r Gwydir ger lle mae'r arhosfan bws. Croeswch y ffordd a dilyn yr arwydd i'r orsaf yn ôl at y car neu at y trên. Os daethoch yma mewn car, beth am fynd i weld Castell Dolwyddelan – un o hen gestyll y Cymry? Ewch i gyfeiriad Blaenau Ffestiniog ac mae'r castell rhyw filltir o'r pentref.

WELSOCH CHI'R RHAIN?

1. Beth ydy enw'r eglwys yn Nolwyddelan?

....

2. Ar y gofeb i gofio'r rhai gafodd eu lladd yn rhyfel 1914–1918, beth yw enw'r un ar waelod y rhestr fu farw yn Ffrainc yn 1918?

....

3. Beth sydd ar yr arwydd glas wedi mynd heibio'r ysgol a'r orsaf?

....

4. Yn ôl yr arwydd ar blatfform gorsaf Pont y Pant, beth yw maint basn Ffynnon Elen?

....

5. Sawl tŵr pigyn sydd ar westy Plas Hall?

....

6. Yn ôl y garreg filltir, sawl milltir sydd i Lanrwst?

....

7. Sawl 'Parch' sydd ar y gofeb ar Ysgoldy Moreia?

....

Dyma'r adar welais i	Dyma'r anifeiliaid welais i	Dyma'r blodau welais i

Dyma'r adar welais i	Dyma'r anifeiliaid welais i	Dyma'r blodau welais i

Dyma'r adar welais i	Dyma'r anifeiliaid welais i	Dyma'r blodau welais i